Renzo Portalupi

LA CUCINA TRADIZIONALE

i sapori del Piemonte

47822 Santarcangelo di R. (RN)

Traduzione in piemontese: Celestina Costa
Progetto di copertina: Erika Ardini
Impaginazione: Art Servizi Editoriali, Bologna

Finito di stampare nel mese di ottobre 2007
presso Legatoria del Sud, Ariccia (RM)

LA CUCINA TRADIZIONALE

i sapori del Piemonte

Introduzione

Ecco un libro nuovo, abbastanza particolare: possiede alcune caratteristiche modernissime, come la traduzione delle ricette in inglese, e altre che stingono nel passato, come le stesse ricette anche in vernacolo piemontese. In più, la loro presentazione manoscritta appare come un pensiero un po' nostalgico, un richiamo ai tempi in cui, essendo rari i libri, le ricette venivano appuntate sui foglietti, scritte a mano in fretta, per venire poi realizzate con arte e amore nelle grandi cucine con il camino.

Naturalmente, alla tradizione si guarda anche per i contenuti, che riaffiorano in questo libro ricchi di fascino e di gusto, per la gioia dei buongustai più preparati e più esigenti.

Trattando di cucina piemontese, non si può ignorare come anch'essa sia nata nelle campagne, al pari di quella di tutte le altre regioni italiane. Poi, però, ha seguito l'evolversi dei costumi e, pur essendo influenzata dall'alto livello qualitativo dei prodotti locali, si è raffinata e arricchita, fino a diventare una cucina rinomata. Sono piatti da "meditare", in certi casi, così come lo sono i vini che accompagnano le pietanze, fra i quali spicca il Barolo, indiscusso re dei vini. Una cucina, dunque, di solido impianto e di grande impegno, in cui niente è approssimativo o improvvisato, ma tutto è sapientemente trasformato e preparato con garbo nei dettagli, con ordine e meticolosità, fino alla presentazione in tavola. Si tratta di tradizioni e abitudini culinarie contadine in massima parte, ma anche di raffinata e ricca arte culinaria importata dalla corte sabauda e ripresa dalla borghesia cittadina, in cui predominano i sapori forti e ben definiti che ben si accordano con i corposi vini piemontesi.

Conversioni

GRAMMI	*GRANI* (*Grains*)	*ONCE* (*Onces*)
1	15,4	0,035
2	30,9	0,071
3	46,3	0,106
4	61,7	0,141
5	77,2	0,176
6	92,6	0,212
7	108	0,247
8	123	0,282
9	139	0,317
10	154	0,353
25	386	0,882
50	772	1,76
75	1157	2,65
100	1543	3,53
500	7715	17,6
1000	15430	35,3

LE DOSI DELLE RICETTE SONO PER 4 PERSONE.
THE QUANTITIES OF THE RECIPES ARE FOR 4 PERSONS.

SALSE, "BAGNET" E SUGHI

L'aià (salsa all'aglio)

Preparazione: rapida

Ingredienti: 500 g di noci, 2 spicchi d'aglio, sale, mollica di 1 panino, latte, 100 g di burro, grana grattugiato, brodo

Grado di difficoltà: facile

Per ridurre gli ingredienti in poltiglia, si può usare il frullatore o il mortaio, che dà un risultato migliore. Pestate dunque le noci a parte e poi procedete con l'aglio (levategli prima il germe centrale) pestato insieme con il sale. Unite i due pesti e lavorateli ancora insieme per ridurli bene in salsa, in una terrina, aggiungendovi poi la mollica intrisa in un po' di latte e strizzata; nel frattempo fate sciogliere il burro a bagnomaria. Aggiungete anche questo al tutto, mescolate e amalgamate bene e, infine, metteteci un pugno di grana grattugiato e mescolate ancora. Il brodo (poco e di qualsiasi tipo) serve eventualmente per diluire appena la salsa, se è troppo densa. Con questa salsa-ragù si condiscono i "tajarin", le tagliatelle, i ravioli di magro ecc.

Il vino consigliato

COLLI TORTONESI BIANCO. Colore giallo paglierino più o meno intenso; profumo caratteristico, intenso, gradevole; sapore fresco, secco.

"Aià" (garlic sauce)

Pound the walnuts apart and then do the same with garlic (take off the central shoot, first) and salt. Melt the two compounds together in a tureen and stir. Then moisten the crumb with milk, squeeze and add it to the mixture. At the same time melt the butter in a *bain-marie* and join it too. Amalgamate the lot with care and then add a handful of grated Parmesan cheese. Mix again. If the sauce is too thick it is possible to dilute it with the same broth. Use this sauce to season Italian "tajarin" pasta, "tagliatelle" pasta, "ravioli" pasta.

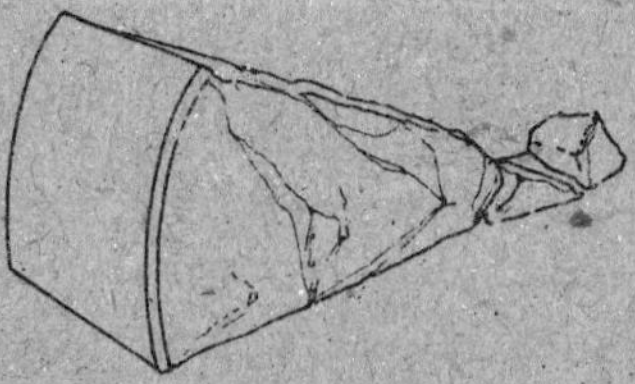

L'aià

Pardue j'ingredient an potija, pisté
le nos, pisté l'aj con la sal.
Travajé tutt ansema e peuj giontèje
la moleja bagnà ant el lait e bin sgnacà
e peuj ël butir smasi e a la fin un pugnèt
ëd gran-a gratà
Con costa saossa as condisso i "tajarin"
e j'agnolòt.

La bagna d'inferno (salsa)

Preparazione: rapida

Ingredienti: 2 filetti d'acciughe, 2 spicchi d'aglio, 70 g di tonno sott'olio, 1 peperoncino, 2 tuorli d'uovo, 2 cucchiai di salsa di pomodoro, brodo, sale, pepe

Grado di difficoltà: facile

Pestate e riducete in poltiglia le acciughe già tritate con l'aglio (privato del germe centrale e spellato), il tonno, il peperoncino, i tuorli d'uovo. Mescolate bene e poi passate tutto al setaccio; versate in un recipiente di cottura (meglio se di coccio), aggiungetevi la salsa di pomodoro e amalgamate bene il tutto, diluendo, se occorre, con brodo caldo. Aggiustate di sale e pepe e fate cuocere a fuoco basso per 4-5 minuti. Con questa "bagna d'infern" (chiamata così perché piuttosto piccante) si possono contornare uova in camicia ma, calda, la salsa può essere usata come ragù da accompagnare alla polenta.

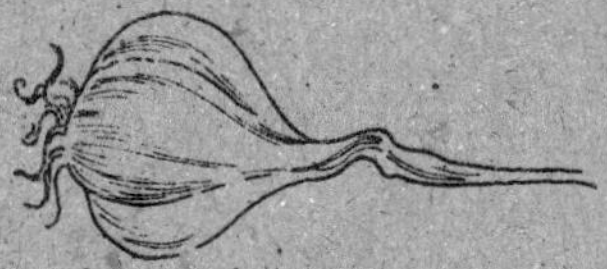

Il vino consigliato

ROERO ARNEIS. Colore giallo paglierino piuttosto scarico; profumo fruttato, intenso; sapore secco, fresco, gradevolmente amarognolo.

Hell "bagna" (sauce)

Pound and melt the anchovies, already minced with the garlic (deprived of the kernel and peeled), the tuna, the chilly, and the yolk. Blend with care and pass through a sieve; pour into a pot (preferably an earthenware one), add the tomato sauce and melt everything well, diluting, if necessary, with warm broth. Add salt and pepper and let cook on a low fire for 4-5 minutes. With this hell "bagna" (so called because rather spicy) you can decorate boiled eggs; if the "bagna" is warm, it can be employed as a meat sauce for polenta.

La bagna d'inferno

Pisté e rïdue an potija anciove, tonn, povronin e ross d'euv.
Mes-cié e passé a lë siass.
Vërsé ant un recipient, ëd tëracheuita amalgamé tutt ansema e cheuse a fiàma bassa.
La saossa peul esse dovrà per contorne euv an camis a ò come ragù con la polenta.

Bagnetto rosso (salsa)

Preparazione: impegnativa

Ingredienti: 1 kg di pomodori, 2 spicchi d'aglio, 1 cipolla, aceto rosso, 3 cucchiai di zucchero, sale, 1 cucchiaino di senape, olio

Grado di difficoltà: facile

Fate bollire in pentola, in poca acqua salata, i pomodori lavati con aglio e cipolla, tutti quanti già tritati insieme. Al bollore unite l'aceto, lo zucchero e un pizzico di sale. Coprite e lasciate cuocere per circa 2 ore (un po' meno, se si tratta di pomodori pelati). Passate la salsa al setaccio, rimettete sul fornello e mescolate per il tempo necessario affinché la salsa raggiunga una giusta densità. A questo punto unitevi la senape, mescolate e lasciate raffreddare. Può anche essere conservata in vasetti di vetro a chiusura ermetica per qualche tempo (versandovi sopra un filo d'olio). Questa salsa è indicata per il "gran bollito piemontese".

Il vino consigliato

CANAVESE ROSSO. Colore rosso rubino più o meno intenso; profumo caratteristico, vivace; sapore asciutto, armonico.

Red "bagnetto" (red sauce)

Boil, in little salted water, the washed tomatoes together with garlic and onion, all previously minced. When the water boils add vinegar, sugar and a little bit of salt. Cook for two hours with a lid on (less time if you use peeled tomatoes). Sift the sauce, cook it again on the stove and mix for the time needed for the sauce to reach the right thickness. Now add the mustard, stir with care and let chill. The sauce is suitable for the "Piemontese boiled meat".

Bagnèt ross

Fé beuje, ant una pignata, le tomatiche, aj, siola ciapulà ansema. Quand a beujo giontje aj e siola già ciapulà, asil, sucher e un pëssion ëd sal.
Lassé cheuse per circa 2 ore.
Passé tult a le siass, buté torna al feu e mes-cié finché la saossa sia consistenta.
Giontje un pëssion ëd senëvra e lassé anfreidé
La saossa peul esse conservà anche ant i vasèt ëd veder con ansema 'na fila d'euli
Costa saossa a l'é indicà per el "gran buji piemontèis".

Bagnetto verde (salsa)

Preparazione: rapida

Ingredienti: 1 spicchio d'aglio, 1 acciuga, capperi, prezzemolo, mollica di 1 panino, aceto, olio, sale, pepe, 1 uovo, zucchero

Grado di difficoltà: facile

Tritate finemente l'aglio con l'acciuga, i capperi e il prezzemolo. Unitevi la mollica di pane inzuppata nell'aceto e strizzata. Versate un po' d'olio, aggiungete sale e pepe, mescolate e amalgamate il tutto. È una salsa indicata per uova sode o in camicia e per bolliti di carni.

Variante con l'uovo: ai precedenti ingredienti si aggiunge il tuorlo di 1 uovo sodo, frullandolo con i medesimi, aggiungendo un po' di zucchero ed eliminando i capperi. Passate la salsa al setaccio.

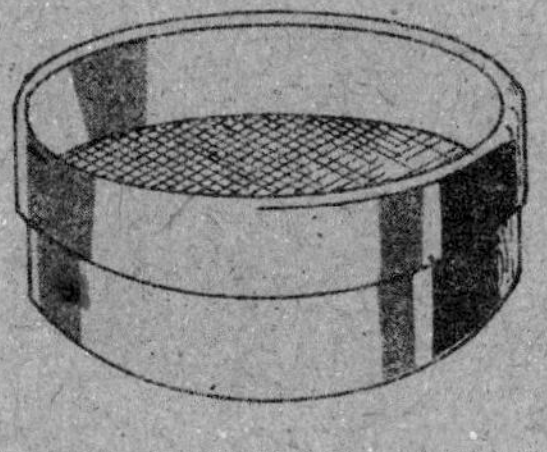

Il vino consigliato

LANGHE CHARDONNAY. Colore giallo paglierino chiaro; profumo leggero, caratteristico; sapore secco, vellutato, morbido, armonico.

Green "bagnetto" (green sauce)

Carefully mince the garlic with the anchovies, capers and parsley. Join the crumb soaked into vinegar and squeezed. Pour a little oil, add salt and pepper, mix all together. It is a sauce used for hard-boiled or poached eggs and for boiled meat.

Variant with eggs: add, to the above mentioned ingredients, a hard-boiled eggyolk, a small spoon of sugar, take off the capers and whisk. Sift the sauce.

Bagnèt verd

Ciapulé fin fin l'aj con l'anciova, i caperi
con el pananssëmmo.
Giontëje la molëja dël pan bagnà ant l'asil
e schissà.
Vërsé l'euli, gionté sal e pèiver, mes-cie
e amalgamé tut.
A l'é un-a saossa indicà për euv dur
ò an camisa e për bujì ëd carn.

Variante

A tuti j'ingredient as gionta el ross
d'un euv dur, un cuciarin ëd sùcher,
as gavo i caperi e as passa la saossa
a lë siass

Salsa piemontese

Preparazione: rapida

Ingredienti: olio d'oliva, 1-2 spicchi d'aglio, farina bianca, brodo, 2-3 filetti d'acciuga, tartufo, sale, pepe

Grado di difficoltà: facile

Fate soffriggere nell'olio d'oliva gli spicchi d'aglio interi, levandoli quando stanno prendendo colore; aggiungete la farina bianca che va stemperata nell'olio, mescolando bene. Si continua così lasciandola rosolare brevemente, poi si versa 1 bicchiere di brodo bollente, si mescola e si tiene a fiamma bassa. Quando la salsa inizia a bollire, unitevi le acciughe tritate o pestate; dopo pochi minuti aggiungete il tartufo a scagliette o a fettine sottili e togliete la salsa dal fuoco, dopo aver salato e pepato. Con questa salsa si accompagnano uova sode o in camicia, ortaggi crudi o cotti, nonché bolliti di carni o di pesci.

Il vino consigliato

CORTESE di GAVI FRIZZANTE. Colore giallo paglierino più o meno tenue; profumo fine, delicato, caratteristico; sapore asciutto, gradevole, fresco, aromatico.

Piemontese sauce

Fry in olive oil the whole cloves of garlic, removing them before they become brown; add white flour melted in oil and mingle with care. Let it brown, then pour one glass of hot broth, stir and lower the flame. When the sauce starts boiling, add the minced anchovies, the truffle flakes and take the sauce away from the fire after salting and peppering. This sauce matches with hard-boiled or poached eggs, raw and cooked vegetables, boiled meat or fish.

Saossa piemontèisa

Sè fruse ant l'euli le fische d'aj antreghe,
gavandie quand a comensso a pie color.
Gionteje la farin-a ch'a va smasia
ant l'euli, mes-ciand bin.
As continua parej, lassand rosolé, peuj
as vërsa un bicer ëd bròd bujent, as
mes-cia e as ten tutt a fiama bassa
Quand el bagnèt a comenssa a beuje,
as gionto le anciove ciapulà ò pistà,
dòp pòche minute anche la trifola a
fëtte sutile e dòp avei salà e ampeivrà
as gava el bagnèt dal feu.
Con cost bagnèt as compagno j'euv
dur ò an camis-a, verdure crue ò
cheuite, e anche el buji ëd carn ò ëd
pess

Antipasti

Gli antipasti che compaiono sulle tavole piemontesi non si discostano da quelli che caratterizzano la cucina italiana, sono a base, cioè, di affettati, sottaceti ecc. Il Piemonte, però, non vanta una particolare tradizione nel campo degli antipasti. Sono, tuttavia, da ricordare certe creazioni della cucina povera del contado, che variano da luogo a luogo e che, inizialmente, erano consumate come spuntini o merende, talvolta come primi piatti o piatti unici.

È il caso della Bagna caóda, che descriviamo fra gli antipasti, ma che è spesso consumata come "primo" o come piatto unico. La Fonduta, che abbiamo inserito fra i "primi", in molte località si consuma come antipasto o piatto unico. Un discorso analogo va fatto per la carne cruda e per il vitel tonné, che abbiamo preferito collocare e descrivere fra i "secondi", ma che, in molti pranzi ufficiali o festivi o nei ristoranti, appaiono fra gli antipasti. Numerose altre creazioni locali (frittatine, uova sode ecc.) sono consumate come merendine o antipasti, e non mancano pesci d'acqua dolce delle risaie novaresi e vercellesi, cioè carpe e tinche in carpione, ovvero "al brusch" (fritte e fatte macerare in aceto con molte erbe).

Prima di passare alle ricette, accenniamo brevemente a due tradizionali cibi: Soma d'ai e Salam d'la duja.

Soma d'ai

Si fanno tostare alla griglia fette di pane casereccio o biove, strofinandovi poi a caldo dell'aglio e condendole con sale, pepe e olio d'oliva. È una sorta di bruschetta piemontese.

Salam d'la duja

Si tratta di un salamino tipico del Novarese e del Vercellese, di puro suino e simile ai cacciatorini. Viene stagionato e conservato in olle o orci di terracotta sommerso, con gli altri, nel grasso di maiale, che lo mantiene molto morbido. Si consuma affettato come antipasto o nelle merende, crudo, oppure cotto con risotti ed erbe.

Starters

Piemonte starters are not so different from the others of the Italian cooking: cold meats, pickles etc. Piemonte doesn't boast a particular tradition of starters but anyway we have to remember some creations of the poor cooking that vary from place to place and were eaten as snacks, sometime like first course or main course.

For example the "Bagna caôda". It is in the starters but it is eated as a first course or main course. The "fonduta", that here is in the first courses section, in other places is consumed like a starter. A similar treatment occurs with raw meat or "vitel tonné", that we have put between main courses but that in some official lunch are in the starters. Other creations are consumed as afternoon snacks or starters, without forgetting about fresh water fishes, "tinca" or "carpa" fish "in carpione", cooked as "brusch" (fried and marinated in vinegar with a lot of herbs).

Here we mention two traditional recipes: "Soma d'ai" and "Salam d'la duja".

Soma d'ai

Toast on the grill some slices of homemade Italian bread; scrub some garlic and season with salt, pepper and olive oil.

Salam d'la duja

It is a typical little salami of the area of Novara and Vercelli made of pure pig. It is consumed sliced as a starter or as afternoon snack cooked with rice and herbs.

Antipasti

La bagna caôda

Preparazione: impegnativa

Ingredienti: 6 spicchi d'aglio, latte, 100-150 g di acciughe, olio, 50 g di burro

Grado di difficoltà: facile

Tritate finemente l'aglio e immergetelo per un'ora nel latte (ne facilita la digestione), quindi mettetelo in un tegame di cotto (mai d'alluminio) insieme alle acciughe dissalate e diliscate a pezzetti, coprendo il tutto con olio e facendo cuocere a fuoco lento, senza che l'aglio prenda colore né l'olio bolla. Mescolate piano e in continuazione con un cucchiaio di legno per ridurre tutto in poltiglia e lasciate cuocere, sempre lentamente, per 10 minuti circa; poi unite il burro, mescolate sempre e, dopo altri 10 minuti di lenta cottura, portate in tavola il tegame. Usate la salsa ottenuta per intingervi verdura e pane casereccio.

Il vino consigliato

CORTESE dell'ALTO MONFERRATO. Colore giallo paglierino chiaro, tendente al verdolino; profumo tenue, delicato; sapore asciutto, sapido.

The "bagna caôda"

Carefully mince the garlic and put it for one hour into some milk (it helps digestion), then put it in an earthnware pan with the cut anchovies. The whole has to be covered with oil and cooked on a low flame so that neither the garlic become brown nor the oil fry. Mix with care and continuously with a wooden spoon. Let it cook slowly for 10 minutes. Then join the butter, mingle again and after other 10 minutes serve the dish. Dip in this sauce vegetables and Italian typical bread.

La bagna caoda

Ciapulé l'aj, butelo ant un recipient special (s-cionfëtta) peuj le anciove, l'euli e fé cheuse a fiama bassa. Mes cié lentament per ridue tutt an potija e lassé per 10 minute al feu, giontéje el butir e dòp aotre 10 minute porté an taola.

Ciberino di fegatini di pollo

Preparazione: rapida

Ingredienti: 500 g di rigaglie di pollo, 70-80 g di burro, 1 cipolla, sale, pepe, brodo, 2 tuorli d'uovo, farina, limone

Grado di difficoltà: facile

Tritate le rigaglie del pollo e mettetele in una casseruola con il burro, dove già abbia preso colore la cipolla, sottilmente affettata. Condite con sale e pepe, aggiungete brodo caldo, quanto basta per coprire il tutto, e portate a cottura. Intanto preparate una salsa con i tuorli sbattuti, la farina, il succo di limone e poco brodo. Amalgamate bene e versate nell'intingolo dei fegatini, mescolate e lasciate bollire pochi minuti. Servite sui crostini o con polenta.

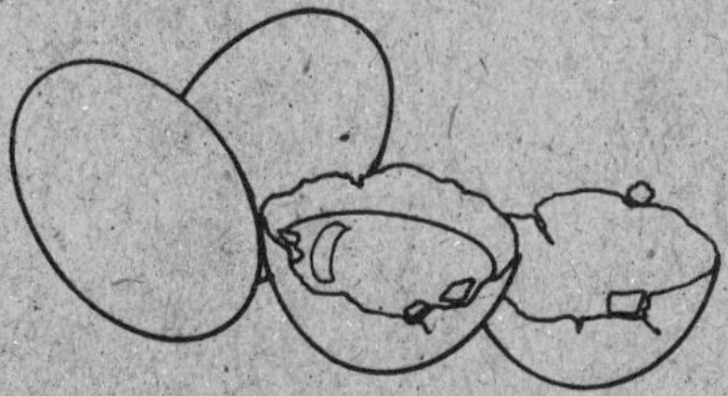

Il vino consigliato

DOLCETTO delle LANGHE MONREGALESI. Colore rosso rubino; profumo vinoso con note fruttate; sapore asciutto, gradevole, equilibrato.

Chicken livers sauce

Brown the finely sliced onion in a saucepan and then add the minced chicken giblets. Season with salt and pepper, add hot broth to cover the whole and boil. In the meantime prepare a sauce with the beated yolks, the flour, lemon juice, not much broth. Amalgamate with care and pour the sauce into the livers gravy; constantly stir and let boil for a few minutes. Serve it with small pieces of toasted bread or with polenta.

Pastiss ëd fidich ëd polastr

Ciapulé le preale ëd polastr e butele ant una cassaròla, (an drinta a j'é già la siola colorà (tajà fin-a fin-a), un pëssion ëd sal e pèiver, gionteje el bròd caod e fè beuje.
A part preparé la saossa con i ross d'euv, la farin-a, el limon.
Leassé beuje pòche minute e serve con crostin fricassà ò polenta.

Crostini ai tartufi

Preparazione: rapida

Ingredienti: 1-2 spicchi d'aglio, 50 g di burro, fegatini, 40-50 g di tartufo, grana grattugiato, brodo, 1 limone

Grado di difficoltà: facile

Si prepara una salsa cremosa scaldando l'aglio tritato finemente nel burro, entro un fegatino, quindi si aggiunge il tartufo, prima raschiato e poi grattugiato, mescolando in continuazione ed evitando che soffrigga. Dopo 3 o 4 minuti, unitevi 2 o 3 cucchiai di grana grattugiato, mescolate e diluite appena con eventuali cucchiai di brodo caldo, quanto basta perché la crema non sia troppo densa. Lasciate cuocere qualche minuto (sempre mescolando) e versatevi il succo di 1 limone. Date un'ultima mescolata, spegnete e servite la gustosissima crema sui crostini (di pan carré o di pane casereccio, abbrustoliti nel burro).

Il vino consigliato

PIEMONTE GRIGNOLINO. Colore rosso rubino più o meno intenso; profumo caratteristico, delicato, fruttato; sapore asciutto, tannico, amarognolo.

Croutons with truffles

Warm the finely sliced garlic with butter in a pan, then add the grated truffles, constantly stirring and avoiding that it becomes brown. After 3-4 minutes, add two or three spoons of grated Parmesan cheese, stir and dilute with some hot broth spoons to avoid that the sauce become too thick. Let cook a few minutes, stir again and pour the lemon juice. Give another stir, turn off the heat and serve the deliciuos cream on small pieces of toasted bread with butter.

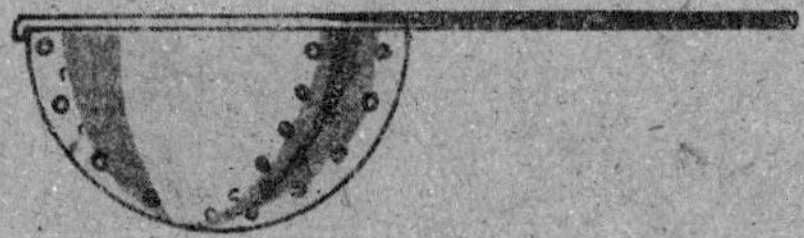

Crostin a la trìfola

Ant un fojòt scaudé l'aj ciapulà, giontje la trìfola (prima ras-cià e peuj gratà) mes-ciand an continuassion.
Dòp tre ò quatr minute giontje el formagg gratà, quaich cuciar ëd brod caod (perchè la saossa a sia pitòst morbida) e peuj el sugo ëd limon.
Deje un'ultima mes-ciada e serve la crema ansema ai crostin brustolì ant el butir.

Purea di tonno piccante

Preparazione: rapida

Ingredienti: 200-250 g di tonno sott'olio, 2-3 filetti di acciughe, burro, maionese, prezzemolo, sottaceti, mollica di 1 panino, patate, 100 g di burro, pane casereccio o crostini

Grado di difficoltà: facile

Riducete in purea il tonno, pestandolo nel mortaio e passandolo al setaccio insieme alle acciughe già dissalate, spinate e tritate. Amalgamate l'impasto con una noce di burro, disponetelo nei piatti ricoprendolo di maionese (preparata ovviamente prima) e guarnendo con prezzemolo tritato e qualche sottaceto a fettine.

Accorgimenti e varianti: per rendere più omogeneo l'impasto, si possono unire la mollica di un panino bagnata e strizzata, oppure un po' di patate lessate, anch'esse ridotte in purea. Collocate l'impasto in una terrina e unitevi 100 g di burro fatto appena intiepidire e con un cucchiaio – sempre di legno – mescolate bene il tutto finché diventa una crema molto semplice. Collocate la purea nelle singole scodelline, guarnitela, oltre che con i precedenti sottaceti, con un anellino di filetto d'acciuga. Accompagnate, comunque, con fette di pane casereccio o crostini fritti.

Il vino consigliato

COLLINE NOVARESI BIANCO. Colore giallo paglierino più o meno intenso; profumo fragrante, delicato; sapore leggermente amarognolo, talvolta vivace.

Hot tuna mash

Pound and melt the tuna fish with disalted and boned anchovies, and sift it. Amalgamate the mixture with a piece of butter, arrange the tuna mash in the plates covered by mayonnaise (prepared before) and garnished with minced parsley and some pickles.

Variants and solutions: to make the whole more homogeneus add the breadcrumb soaked in milk and squeezed, or little mashed potatoes. Add 100 g of warm butter to the mixture and stir all with care with a wooden spoon until it becomes creamy. Garnish the tuna mash in the plates with pickles and an anchovy ring. Match the mash with Italian typical bread or small pieces of toasted bread.

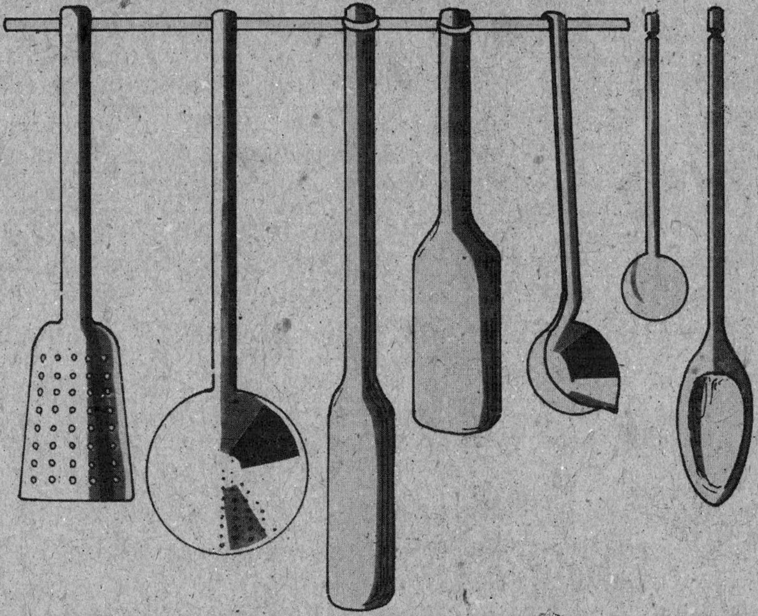

Purea ëd tonn picant

Pisté e passé a lë siass, con le anciove el butir (q. b.) e el tonn; mes-cié, con la mayonnaise, la molëja d'un panin bagnà e schissà e compagné con fëtte ëd pan casalengh.

MINESTRE E ZUPPE

Crema galupa

Preparazione: rapida

Ingredienti: 500 g di funghi, 80 g di burro, brodo, 150 g di gorgonzola, sale, 3 tuorli d'uovo, pepe, grana, crostini

Grado di difficoltà: facile

Mentre il brodo si scalda, pulite accuratamente i funghi, raschiandoli come di consueto, poi affettateli e metteteli in una casseruola insieme al burro (fatto prima sciogliere) e lasciateli rosolare appena, rivoltandoli spesso. Bagnateli con 2 o 3 mestoli di brodo, abbassate la fiamma e lasciate cuocere. Tagliate il gorgonzola e lavoratelo in una terrina con una forchetta di legno e, reso cremoso, versatelo nella casseruola dei funghi; mescolate e versate il restante brodo caldo, salate e lasciate cuocere per 10 minuti, rimestando dolcemente. Nella stessa terrina sbattete i soli tuorli delle uova, eventualmente aggiungete un pizzico di pepe e, tolta la crema di funghi e formaggio, versatela lentamente nella terrina dove sono le uova, mescolando energicamente perché queste non si rapprendano; poi cospargete di grana abbondante e servite con crostini a parte.

Il vino consigliato

BARBERA d'ALBA. Colore rosso rubino intenso, tendente al granato; profumo intenso, con sentori di viola; sapore asciutto, gradevole, corposo, sapido.

"Galupa" cream

While the broth is heating up, carefully clean the mushrooms, scrape and slice them, then put them in a casserole with the melted butter. Brown them in both sides. Add 2 or 3 ladles of broth, and cook over a low flame. Cut the gorgonzola cheese and amalgamate it in a pot with a wooden fork. When it becomes creamy pour it in the casserole with the mushrooms. Mix and pour the rest of the hot broth, add salt and let cook for 10 minutes stirring with care. In the same pot heat the eggyolks, add a pinch of pepper and, after taking off the cream from the flame, pour it slowly in the eggs pot and stir with energy. Add a lot of Parmesan cheese and serve with small pieces of toasted bread.

Crema galupa

Antant che el brod a se scaoda, polidé i bolé, rascieje, peuj tajeje a fëtte sutile, butéje ant un-a cassaròla con el butir già slinguà an precedenssa, e lasseje rosolé. Bagné con 2 ò 3 cassul ëd bròd, bassé la fiàma e lassé cheuse.
Tajé la bërgonzòla e travajéla ant un fojòt con un-a forciolin-a ëd bòsch e quand a l'è cremé, vërsela ant la cassaròla dij bolé; mes-cié e vërsé ël bròd vanssà, buté la sal, e lassé cheuse per 10 minute.
Ant l'istessa cassaròla sbate y ross d'euv, gionteje, eventualment, un pëssion ëd pèiver, e gavà la crema ëd bolé e formagg, vërsela adasi ant el fojòt, mes-ciand enërgicament perché j'euv as raprendo nen; peuj spantié ëd gran-a gratà e serve con crostin a part.

La fonduta

È l'altra gloria culinaria del Piemonte: se la "bagna caôda" è la salsa "tradizionale" di questa regione, la fonduta, o "fondua", è la minestra tipica. Ma, al pari della prima, può essere usata come antipasto e, addirittura, come salsa per condire riso asciutto in bianco. Si può infatti consumare anch'essa ponendo il recipiente che la contiene al centro della tavola, in modo che ognuno possa intingervi crostini di pane o verdure varie, oppure versarla, appunto come minestra, nelle scodelle, su crostini abbrustoliti o fritti. La sua origine si fa risalire alla Valle d'Aosta, dove si produce la vera Fontina, indispensabile per fare la fonduta. Ma, prima che regione autonoma, la Valle costituiva una delle splendide (senza dubbio la migliore) vallate del Piemonte, che ha giustamente considerato la fonduta un piatto piemontese. D'altra parte, la fonduta si può preparare anche con formaggi di diverso tipo, anche se la riuscita non è sempre all'altezza di quella con la Fontina. Il segreto, però, sta tutto nella cura e nell'attenzione che si mettono nel preparare questo piatto. Inoltre le dosi degli ingredienti – sempre gli stessi – possono variare da luogo a luogo, e a seconda che si usi o meno la Fontina. Con altri formaggi variano anche gli ingredienti.

The "fonduta"

It is another speciality of Piemonte: if "bagna caôda" is the traditional sauce of this region, the "fonduta" or "fondua" is the typical soup. It can be used as a starter and as a sauce to season white strained rice. You can dip inside toasted bread and vegetables or pour it like a soup in bowls with toasted or fried bread. It is a native dish of Valle d'Aosta, where the real "Fontina" is made, essential to do the "fonduta". Valle d'Aosta, before becoming an indipendent region, was a part of Piemonte, that considers the "fonduta" as a Piemonte dish. The "fonduta" can be prepared with other cheeses different from "Fontina", but it isn't the same. The secret is to prepare the whole with care.

Fonduta torinese

Preparazione: impegnativa

Ingredienti: 400 g di Fontina, latte, 50 g di burro, 4-5 tuorli d'uovo, sale, pepe bianco, crostini di pane, tartufo bianco

Grado di difficoltà: facile

Tagliate a fettine sottili il formaggio, ponendo queste in un recipiente alto e non molto largo, ricoprendole di latte e lasciandole macerare parecchie ore, da un minimo di 5 a tutta la notte (preparatela dunque la sera prima). Al momento di cuocere la fonduta, mettete in una casseruola il burro, i tuorli già sbattuti, la Fontina macerata e il suo latte, quindi cuocete lentamente a bagnomaria, ponendo la casseruola entro un'altra più ampia con acqua in ebollizione. Tenete la fiamma sempre bassa. Inizia in questo momento il "rito" della cottura e il segreto della riuscita. Cominciate a mescolare con un cucchiaio di legno, senza mai stancarsi. Il formaggio in principio si unirà in un blocco filante, poi gradatamente si scioglierà con il latte assumendo sempre più l'aspetto di una crema liscia. Assaggiate e, se occorre, aggiungete poco sale. Allorché la fonduta accenna a bollire, toglietela dal fuoco e aggiungetevi una presa di pepe bianco, quindi versatela bollente nelle scodelle dove già si trovano crostini di pane (fritti o meno) ricoperti di scagliette fini di tartufo bianco.

Il vino consigliato

CANAVESE BIANCO. Colore giallo paglierino; profumo fruttato, intenso, caratteristico, gradevole; sapore asciutto, armonico.

Torinese "fonduta"

Slice the cheese, put it in a pan not too wide and cover all with milk. Let soak for a long time (it's better the whole night). To cook the "fonduta", put the butter into a pan with the heated eggyolks, the soaked "Fontina" cheese and its milk; then simmer in a *bain-marie*. The flame must be low and this is the first secret of success and the beginning of the cooking "rite". Now begin to stir with a wooden spoon, without getting tired. At first the cheese becomes stringy, then it will dissolve into milk, becoming a cream. Taste it and if it is necessary add a little salt. When the "fonduta" boils, take it away from the flame, add a handful of white pepper, and pour it in bowls where there are toasted or fried small pieces of bread with grated white truffle.

La fondùa turinèisa

Tajé a fëtte sutile el formagg butelo ant un pignatin aot, quatelo ëd lait e lasseje a meuj per tuta la neuit.
Al moment ëd cheuse la fondùa buté ant una cassaròla e cheuse adasi a fiàma bassa e toiré con un cuciar ëd bòsch continuament fin-a a pié la sembianssa d'una crema seulia.
Giontje un pëssion ëd sal e un ëd pèiver e bujenta vërsela ant le scuele ansema ai crostin ëd pan.

Fonduta al formaggio Bra cuneese

Preparazione: impegnativa

Ingredienti: 400 g di Bra, latte, panna, crostini di pane, tartufo bianco

Grado di difficoltà: facile

La ricetta non si differenzia molto dalla precedente. Tagliate il Bra fresco a dadini e lasciatelo macerare nel latte 2-3 ore, dopodiché versate formaggio e latte nella casseruola e fate cuocere lentamente a bagnomaria, sempre mescolando finché tutto si sia sciolto. Aggiungete la panna, mescolate ancora e servite bollente su crostini di pane e tartufo bianco affettato.

Il vino consigliato

BARBARESCO DOCG. Colore rosso rubino, tendente al granato; profumo intenso, con sentori di viola mammola; sapore asciutto, pieno, corposo, austero, vellutato.

"Fonduta" with Cuneo Bra cheese

The recipe is not too different from the previous one. Slice the Bra cheese and soak it in some milk for 2-3 hours, then pour the cheese and milk into a pan and simmer in a *bain-marie*, continually stirring till it all liquefies. Add the cream, stir again and serve it very hot on bread and grated truffle.

Fondùa al formagg Bra ëd Coni

Taje el formagg Bra frësch e lasselo smoje ant ël lait per 2 ò 3 ore.
Vërsé tutt ant un-a cassaròla e fé cheuse adasi, sempre mes-ciand, giontéje ël lait e serve bujent ansema ai crostin e a la trifola tajà a fëtte

Fonduta di Raschera cuneese

Preparazione: rapida

Ingredienti: 200 g di Raschera, 7 tuorli d'uovo, sale, pepe, noce moscata, zucchero, 175 g di burro, panna, crostini, tartufo

Grado di difficoltà: facile

Grattugiate il formaggio in una casseruola dove già siano stati sbattuti i tuorli con sale, pepe, noce moscata e zucchero. Aggiungete il burro a pezzettini e mettete il recipiente su fuoco bassissimo (meglio a bagnomaria), cominciando subito a mescolare in continuazione fin quando inizia a legarsi la crema. Versatevi la panna, mescolate per pochi minuti e, infine, servite la fonduta bollente su crostini ed eventuale tartufo.

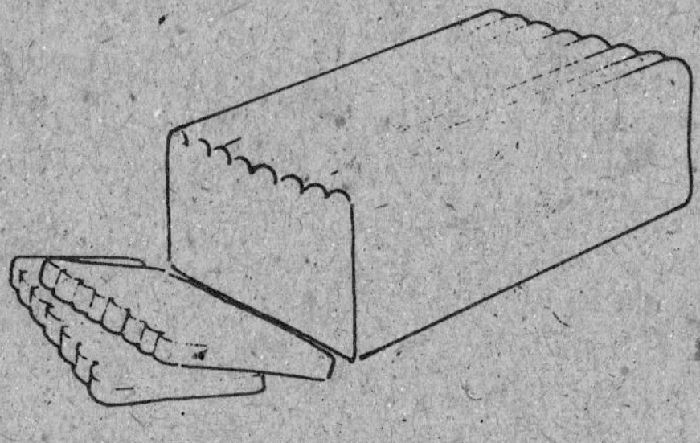

Il vino consigliato

COSTE della SESIA CROATINA. Colore rosso vivo più o meno intenso; profumo vinoso, caratteristico, intenso; sapore secco, equilibrato, di corpo.

"Fonduta" with Cuneo Raschera cheese

Grate the cheese in a pan containing the eggyolks with salt, pepper, nutmeg and sugar. Add some pieces of butter and put the pan on a low flame (better in a *bain-marie*), beginning to stir straight away and constantly till the cheese is amalgamated. Pour in the cream, stir for a few minutes and, at last, serve the "fonduta" on toasted bread with truffle.

Fondùa ëd Raschera ëd Coni

Graté el formagg ant una cassaròla andòva a-i é stait sbatù i ross d'euv con sal, peiver, nos moscà e sùcher; giontèje el butir a tochetin, buté ans el feu e mes-cié an continuassion. Versé la fior ëd lait e serve la fondùa bojenta con crostin ëd pan e eventual trìfola.

Fonduta alla valsesiana con la Toma

Preparazione: impegnativa

Ingredienti: 400 g di Toma, 2 litri di latte, 30 g di burro, 4 tuorli d'uovo

Grado di difficoltà: facile

La ricetta è analoga a quella con la Fontina. Fate macerare prima la Toma a fettine nel latte per parecchie ore, poi mettetela a cuocere in una casseruola a bagnomaria insieme al burro, alle uova e al latte, usando lo stesso metodo e gli stessi accorgimenti indicati per la Fontina.

Il vino consigliato

COLLI TORTONESI BARBERA. Colore rosso rubino carico, tendente al granato; profumo persistente, vinoso, caratteristico; sapore secco, fresco, sapido.

Valsesia "fonduta" with Toma cheese

It is similar to the recipe with the Fontina cheese. Soak the Toma cheese in some milk for many hours, then cook it in a *bain-marie* in a pan with butter, eggs and milk, using the same method and precautions of the Fontina cheese.

Fondua a la Valsesian-a con la toma

Tajé a fette sutile la toma Valsesian-a
butela ant pignatin aot, quatelo ëd lait
e lasseje a meuj për tuta la neuit.
Al moment ëd cheuse la fondua buté ant
un-a cassaròla e cheuse adasi a fiàma
bassa e toiré con un cuciar ëd bòsch
continuament fin-a a pié la sembianssa
d'una crema seulia.
Gionteje un pëssion ëd sal e un ëd pèiver
e bujènta vërsela ant le scuele ansema
ai crostin ëd pan.

Minestrone alessandrino

Preparazione: impegnativa

Ingredienti: 300-400 g di patate, 100 g di zucchine, 100 g di bietole, 80 g di lardo, 1 spicchio d'aglio, 1 cipolla, 1 carota, 1 sedano, 1 porro, 1 pomodoro, prezzemolo, basilico, sale, croste di formaggio, 200 g di tagliatelle, olio d'oliva, peperoncino, pepe

Grado di difficoltà: facile

Lavate e tagliuzzate gli ortaggi a cubetti (patate, zucchine, bietole). Tritate il lardo con aglio, cipolla, carote, sedano, porro, pomodoro e versate questo trito in 3 litri e mezzo di acqua già in ebollizione dentro la pentola, insieme a prezzemolo e basilico già tritati. Salate e, dopo 1-2 minuti, aggiungete le altre verdure, quindi lasciate bollire il tutto moderatamente per circa 4 ore, unendo, a metà cottura, le croste di formaggio a pezzetti. A circa un quarto d'ora dal termine, gettatevi la pasta e, nel frattempo, passate parte delle verdure al setaccio e infine rimettetele nel brodo insieme all'olio d'oliva, un po' di peperoncino, frantumato o macinato, se gradito, e un pizzico di pepe.

Il vino consigliato

CANAVESE ROSATO. Colore dal rosso al rubino chiaro; profumo delicato, gradevole, vinoso; sapore armonico, asciutto.

Alessandria soup

Wash and cut the vegetables into small pieces (potatoes, courgettes, chards). Mince bacon with garlic, onion, carrots, celery, leek, tomato and pour these in a casserole with 3.5 litres of water that is already boiling with minced parsley and basil. Add the salt and after 1-2 minutes add the other vegetables, let boil on a medium flame for 4 hours. In the middle of the cooking add the cheese rinds cut in small pieces. At a quarter to the end, join the pasta and in the meantime sift a part of the vegetables. In the end put these into the broth again adding oil, a little grated chilly and a little bit of pepper.

Mnestra ed verdure a Lisandria

Lavé e tajé le verdure, ciapulé ël lard con aj, siola, caròte, seller, pòr, tomatiche e vërsé ant un-a pignata con 3 liter e mes d'acqua già bujenta con panansëmmo e baslicò già ciapulà.

Butéje la sal e gionteje tute j'autre verdure e lassé beuje moderatament për squasi 4 ore, giontandie a metà cheuita, le croste ed formagg a tochetin.

A circa un quart d'ora da la fin, campeje andrinta la pasta, passé 'na part dle verdure a lë siass, e buteje torna ant el bròd con l'euli d'oliva, un pòch ed poironin tajà a tochèt e, se bin acetà, un pëssion ëd pèiver.

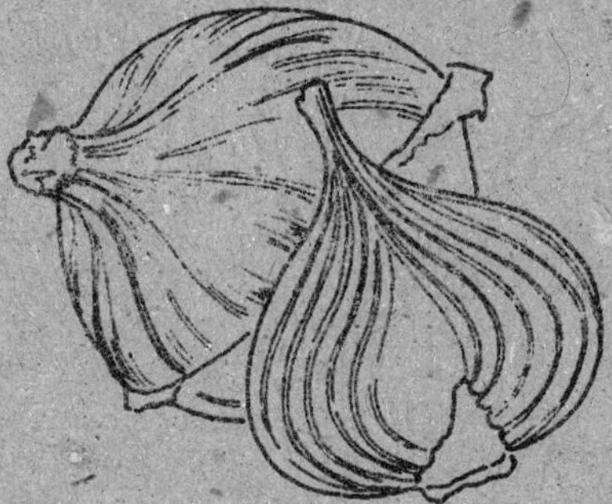

Minestrone astigiano

Preparazione: rapida

Ingredienti: 600 g di porri, 500 g di patate, sale, noce moscata, 300 g di tagliatelle, grana, olio

Grado di difficoltà: facile

Fate cuocere in pentola, con molta acqua, porri a rotelline e patate affettate, per circa mezz'ora, salando e unendo un pizzico di noce moscata. Una volta cotti e tolti dall'acqua, scolate gli ortaggi e schiacciateli bene in una terrina, riducendoli in crema e ponendo il recipiente al caldo sui fornelli. Cuocete ora la pasta nella stessa acqua delle verdure aggiungendone dell'altra, se occorre; salate, scolate le tagliatelle e unitele alla crema di ortaggi nella terrina, mescolatevi un po' di grana e servite il minestrone nelle scodelle, con sopra l'olio.

Il vino consigliato

VERDUNO PELAVERGA. Colore rosso rubino carico; profumo intenso, fragrante, speziato; sapore secco, fresco, armonico, vellutato.

Asti "minestrone"

Cook in a pan sliced leeks and potatoes in abundant water, for half an hour, then add salt and a pinch of nutmeg. Strain the vegetables and mash them in a pan, keeping the pan hot near the fire. Now cook the pasta in the vegetables water, if it is necessary add other water, then add the salt, strain the tagliatelle pasta and join them to the vegetables cream in the pan. Stir grated Parmesan cheese and serve the "minestrone" in dishes sprinkling some oil on.

Mnestra ëd verdure an Ast

Fé cheuse an pugnata con tanta acqua e per quasi 30 minute pòr, patate tajà a fëtte e un pëssion ëd nos moscà.
Gavé da l'acqua le verdure sgnacheje bin, fasendje diventé un-a crema.
Cheuse la pasta ant l'acqua dle verdure, scolé i tajarin giontje el formagg, e serve el minestron ant le scuele con l'euli drora.

Riso e rane

Preparazione: rapida

Ingredienti: 12 rane, 1 cipolla, 1 carota, 1 spicchio d'aglio, olio, salsa di pomodoro, brodo, sale, pepe, 200 g di riso, 15 g di burro, prezzemolo

Grado di difficoltà: media

Disossate le rane e fatele rosolare in un battuto di cipolla, carota e aglio tritati, scaldati nell'olio. Quando prendono appena colore, aggiungete salsa di pomodoro diluita in poco brodo e fate bollire lentamente per mezz'ora, poi passate tutto al setaccio. Rimettete in pentola con altro brodo quanto basta, lasciate bollire ancora per 10 minuti, aggiungete sale e pepe e gettatevi il riso. Poco prima che sia cotto, unite burro e prezzemolo.

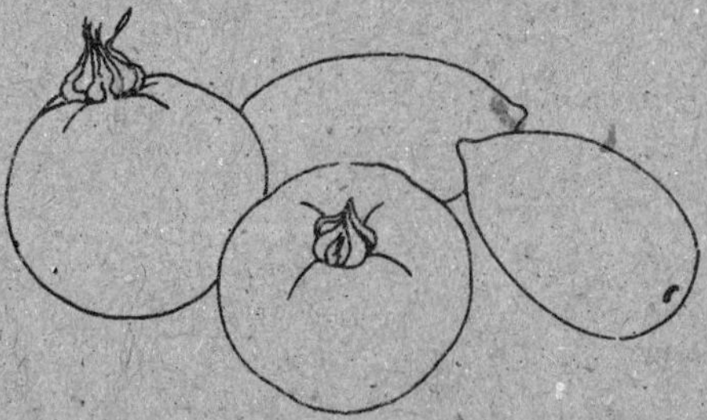

Il vino consigliato

ERBALUCE di CALUSO. Colore giallo paglierino; profumo delicatamente vinoso; sapore asciutto, fresco, snello, elegante, sapido.

Rice and frogs

Bone the frogs and fry them in oil with sliced onion, carrot and garlic. Before they become brown, add the tomato sauce diluted in not much broth and boil on a low flame for half an hour, then sift the whole. Put the whole into a pan with other broth, let it boil for other 10 minutes, add salt and pepper and pour the rice. Just before the cooking time is over join butter and parsley.

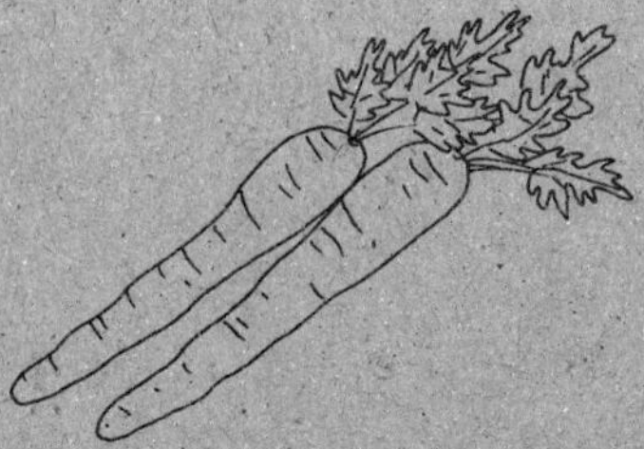

Ris e ran-e

Gavé j'òss a le ran-e e fejé rosolé ant un batù ëd siola, caròta e aj ciapulà scaodà ant l'euli, peuj as gionta la saossa ëd tomatiche smasia ant el bròd e as fa beuje adasi per 1/2 ora peuj as passa tut a lë siass, e as lassa ancora beuje per 10 minute.

As gionto sal e pèiver e as campa el ris e, pòc prima ch'a sia cheuit, as gionto el butir e el pananseммо.

Zuppa di ceci

Preparazione: impegnativa

Ingredienti: 300 g di ceci, bicarbonato, 700 g di patate, 1 cipolla, 150 g di cotenne, olio, basilico, sale, pepe, crostini di pane

Grado di difficoltà: facile

I ceci, fatti ammollare dalla sera prima in acqua con un pizzico di bicarbonato, si versano in una capace pentola con le patate intere sbucciate, la cipolla affettata, le cotenne a pezzetti, coprendo con 2,5 litri di acqua. Aggiungete 2-3 cucchiai di olio e il basilico e fate bollire a fuoco lento per circa 4 ore, salando e pepando. Cotte le patate, passatele al setaccio e rimettetele nel brodo sciogliendovi una punta di cucchiaio di estratto. Pochi minuti ancora e poi servite su crostini di pane.

Il vino consigliato

COSTE della SESIA ROSATO. Colore rosa più o meno intenso; profumo delicato con fragranza caratteristica; sapore asciutto, armonico.

Chickpeas soup

The night before soak the chickpeas in water with a pinch of bicarbonate. Put them into a big casserole with entire peeled potatoes, the sliced onion, pigskins cut into pieces, cover all with 2.5 litres of water. Add 2-3 spoons of oil, the basil and boil on a low flame for 4 hours, joining salt and pepper. When the potatoes are cooked, sift them and put them in the broth with a pinch of meat extract. Cook for a few minutes and serve it on toasted bread.

Supa ëd cisi

I cisi, smojà da la sèira prima ant l'acqua con un pëssion ëd bicarbonà, as verso ant un-a pignata con le patate splà antreghe, la siola tajà a fëtte, le còtiche frësche ëd crin a tochetin, con 2 liter e mes d'acqua. Giontje 2-3 cuciar d'euli, el baslicò e fè beuje a fiàma bassa per circa 4 ore, con sal e pèiver.
Passé le patate buije a lë siass e buteje torna ant el bròd con un-a ponta ëd estrat ëd carn.
Dòp pòche minute serve su croston ëd pan

Zuppa "mitona" o "del barba"

Preparazione: rapida

Ingredienti: pane casereccio, burro, cipolla, rosmarino, olio, salsa di pomodoro, pepe, grana grattugiato, brodo di carne

Grado di difficoltà: facile

Questa gustosa e antica zuppa della cucina campagnola non richiede dosi specifiche. Occorrono larghe fette di pane casereccio rosolate nel burro, disposte poi a strati in un'alta casseruola e inframmezzate con sugo (fatto con cipolla e rosmarino tritati, soffritti in olio e con aggiunta di salsa di pomodoro), pepe e grana grattugiato, coprendo con molto brodo di carne. Si lascia sulla stufa a fuoco lento ("a mitoné") per mezz'ora, si copre con altro formaggio e si serve ancora un po' brodosa.

Il vino consigliato

PINEROLESE DOUX d'HENRY. Colore rosato più o meno intenso; profumo fresco, fruttato, gradevole; sapore morbido, armonico, abboccato.

"Mitona" or "barba" soup

It is a tasty and old soup of country cooking. Use large slices of Italian typical bread fried in butter, then arranged in layers in a tall casserole with sauce (prepared with sliced onion and rosemary, lightly fried in oil and with the addition of tomato sauce), pepper and grated Parmesan cheese, covering all with a lot of meat broth. Let it on the stove with a low fire for half an hour, add other cheese and serve when still thin.

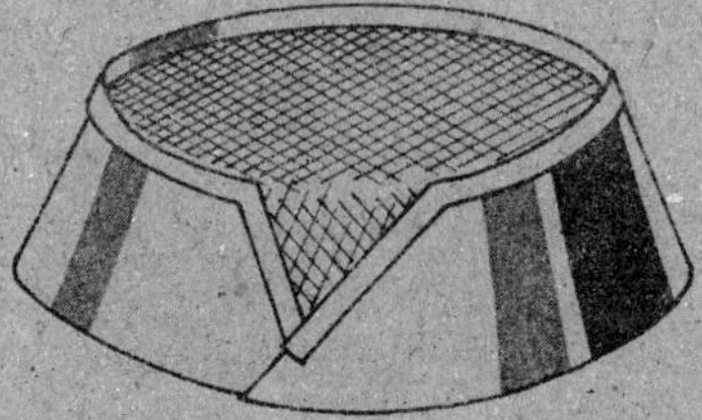

Supa "mitonà" ò "del barba"

Fëtte ëd pan ëd cà passà ant el butir, peuj butà ant un-a cassaròla con un sugo fàit ëd siola e rosmarin ciapulà, saossa ëd tomatiche, pèiver e formagg gran-a gratà e quatand con tant bròd ëd carn.
As lassa ansema al potagé a feu bass (a mitoné) per tranta minute e as serv ancora un pòc brodosa.

Gli agnolotti

Sono il classico primo della cucina piemontese, apprezzato anche all'estero, come i cappelletti, i tortellini, i ravioli ecc. della cucina emiliano-romagnola. È una pasta con ripieno – fra le poche che in Piemonte si confezionano a mano, in casa – di antica tradizione, che si caratterizza per ricchezza e varietà – da zona a zona e secondo la disponibilità degli avanzi di carne – e sapidità e che richiede meticolosa e lunga preparazione (un paio d'ore e anche più). Una volta fatti, gli agnolotti – al pari di altre paste ripiene – si possono mangiare lessati in brodo di carne oppure asciutti e conditi con semplice burro fuso, o sugo di pomodoro, ragù ecc.

Descriviamo qui di seguito alcune ricette e ingredienti per preparare alcuni dei ripieni più tradizionali. Per quanto riguarda la pasta o sfoglia, ricordiamo che il modo di confezionarla è sempre il medesimo e, considerando che chi legge lo conosce già senza dubbio, riportiamo qui di seguito gli ingredienti per la sfoglia: farina bianca, uova e acqua, con cui si fa un impasto che, ben lavorato e raccolto a palla, si lascia riposare un'oretta (intanto si prepara il ripieno); dopodiché si stende in sfoglia sottile (o più di una) su cui si dispongono, distanziati l'uno dall'altro, mucchietti tutti uguali di ripieno, che si coprono ripiegando la sfoglia o sovrapponendone un'altra, premendo ai bordi per sigillare i due strati di pasta. Si ritagliano poi, con la rotellina o con il coltello, gli agnolotti in forma quadrata classica o a mezzaluna e si lasciano asciugare un po' prima di cuocerli. Gli ingredienti di base possono variare.

Nota - Dosi e ingredienti sono per 4 commensali.

"Agnolotti" pasta

These are the typical first course of the Piemontese cooking, also appreciated abroad, like "cappelletti" pasta, "tortellini" pasta, "ravioli" pasta etc. of the Emilia Romagna's cooking.

It is a pasta with a stuffing of ancient tradition. From place to place the "agnolotti" differ in taste according to the disponibility of meat's leftovers. It needs a long preparation (2 hours or more). The "agnolotti" can be boiled in meat's broth or strained and seasoned with melted butter, tomato sauce or "ragù" sauce. We will describe some recipes and ingredients to prepare some traditional stuffings.

Ingredients for the pastry: white flour, eggs and water, amalgamate to prepare a mixture then shaped in a ball. Let it rest for 1 hour and in the meantime prepare the stuffing. Then flatten out the pasta with the rolling pin in a thin sheet of pastry (more than one) on which you'll put, with the same distance one from the other, a spoon of stuffing, which must be covered either folding the pastry or putting one pastry on the other. Press on the edge to seal the two layers of pasta. After cutting the "agnolotti" with a knife or a small wheel in a square shape, let them strain before cooking. The basic ingredients could differ.

NB - Doses and ingredients are for 4 persons.

PASTA

Agnolotti classici

Preparazione: impegnativa

Ingredienti: 200 g di carne di pollo, 150 g di arrosto di vitello, 200 g di prosciutto, 2 uova, grana, sale, pepe, burro, tartufo

Grado di difficoltà: media

Tritate carne e prosciutto, impastandoli poi in una terrina insieme a 2 uova, un paio di cucchiai di grana, sale e pepe, il burro appena sciolto e metà del tartufo a scaglie. Ottenuto un impasto morbido e amalgamato, confezionate gli agnolotti. Il resto del tartufo si usa per condirli quando sono cotti insieme a burro fuso e grana.

Il vino consigliato

BARBERA d'ALBA. Colore rosso rubino carico tendente al granato; profumo intenso, con sentori di viola; sapore asciutto, gradevole, corposo, sapido.

Classic "agnolotti"

Mince together meat and ham, kneading them in a pot with eggs, 2 spoons of grated Parmesan cheese, salt, pepper, melted butter and half grated truffle. After getting a soft mixture, fill the agnolotti. Season when cooked with the rest of the truffle, melted butter and Parmesan cheese.

Agnolòt classic

Trijé, fin fin, ansem a 200 grama 'd carn ëd polastr, rost van sà, 150 grama d'arost ëd vitel van sà e circa doe etto 'd giambon cru; peuj ampastéje, tut ant na tarin-a con doe euv; doe cuciar ëd formagg gran-a, sal e péivre, na nos ëd butir e mesa trìfola.
Pen-a che ël pien a l'é tut bin mës-cià e ampastà, fé j'agnolòt.
Lasseje cheuse ant l'eva salà, scoleje e condije con l'àutra trìfola ransà, con ëd butir e formagg gran-a.

Agnolotti alla piemontese

Preparazione: impegnativa

Ingredienti: 300 g di lombo di maiale, burro, cervella, 500 g di manzo, grana, sale, pepe, noce moscata, tartufo

Grado di difficoltà: media

Si fa cuocere nel tegame il lombo di maiale a fettine, con il burro, e intanto si lessano le cervella e il manzo. Si tritano finemente tutte queste carni e si impastano in una terrina con 4 cucchiai di grana, sale, pepe e noce moscata. È facoltativa l'aggiunta di tartufo.

Il vino consigliato

NEBBIOLO D'ALBA DOC. COLORE ROSSO RUBINO ABBASTANZA INTENSO; PROFUMO VINOSO, CON SENTORI DI LAMPONE E VIOLA; SAPORE ASCIUTTO, TANNICO, EQUILIBRATO, ARMONICO.

Piemontese "agnolotti"

Cook in a pan with butter the sliced pork loin and in the same time boil the brains and the beef. Mince with care all the meats and amalgamate them in a pot together with 4 spoons of grated Parmesan cheese, salt, pepper and nutmeg. The addition of truffle is optional.

Agnolòt a la piemontèisa

As fa cheuse ant el fojöt el fianch ëd crin tajà a fëtte, con el butir, antant as fa beuje la servela e ël manz.
As ciapulo tute coste carn e as ampasto ant una tarin-a con 4 cuciar ëd gran-a, sal e pèiver e la nos-moscà.

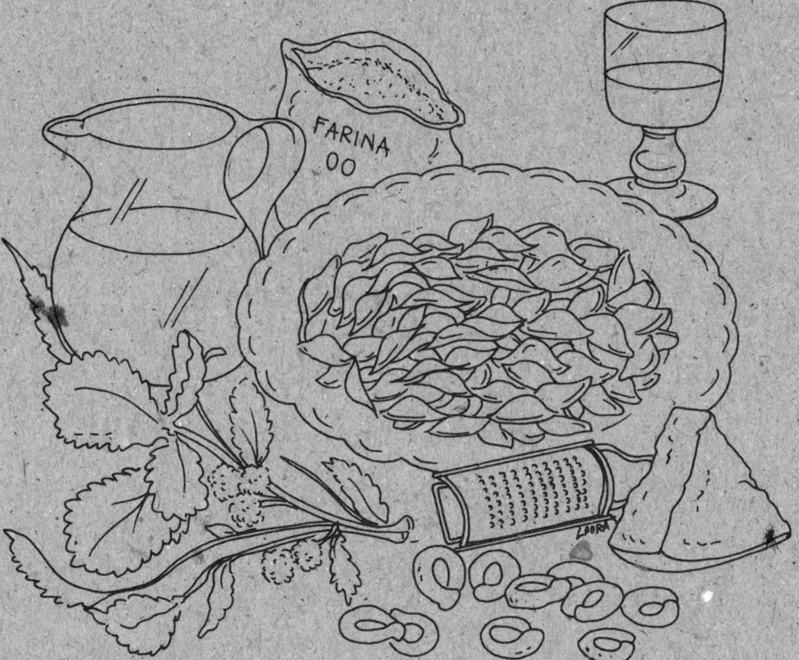

Agnolotti al brasato

Preparazione: impegnativa

Ingredienti: brasato, verdure, uova, grana, sale, pepe, noce moscata

Grado di difficoltà: complessa

Si tratta di preparare un brasato secondo le indicazioni che vedremo nel capitolo sui secondi piatti.
Gli ingredienti indicati qui sono in funzione di questi agnolotti, che si confezionano con il ripieno ottenuto dal brasato, tritato finemente (con un po' delle verdure del sugo) e impastato con l'uovo, molto grana, sale, pepe e noce moscata. Le verdure vanno tritate fini e stufate prima di metterci la carne.

Il vino consigliato

CANAVESE NEBBIOLO. Colore rosso rubino, talvolta con riflessi violacei; profumo leggermente floreale, delicato, caratteristico; sapore secco, asciutto, corposo.

"Agnolotti" with brasato

Prepare a "brasato" according to the indications given in the main courses chapter.
The ingredients here are for these agnolotti, that are filled with the stuffing of brasato, minced with care (with some vegetables from the sauce) and kneaded with the egg, a lot of grated Parmesan cheese, salt, pepper and nutmeg. The vegetables have to be minced very finely and stewed before putting the meat.

Agnolòt al brasato

L'arseta për pronté ël brasato as treuva ant la part dle "carn". As peul fé j'agnolòt con ël pien 'd brasato, ciapulà fin con na part 'd verdure ëd bagnèt e ampasté con n'euv, na bela pugnà 'd formagg gratusà, sal, pèiver, e na fasa 'd nos moscà; prima 'd butaje la carn, trijé na mesa siola, na caròta e doe sèler; peuj ëstuvé tutt con sàussa o conserva ëd tomàtiche.

Agnolotti astigiani

Preparazione: impegnativa

Ingredienti: 300 g di spinaci, burro, 150 g di salsiccia, 200 g di carne arrosto di coniglio, 200 g di stufato o brasato, 3 uova, grana, sale, pepe, noce moscata

Grado di difficoltà: media

Si fanno lessare gli spinaci e, una volta scolati, si mescolano con il burro e poi si tritano; anche la salsiccia va cotta lessandola, tritandola poi doppiamente con le carni e unendola al trito di spinaci nella terrina. Si impastano quindi tali ingredienti unendovi le uova, abbondante grana, sale, pepe, noce moscata e il ripieno fatto.

Il vino consigliato

RUBINO di CANTAVENNA. Colore rosso rubino poco intenso; profumo leggermente vinoso; sapore asciutto, moderatamente acido, armonico.

"Agnolotti" of Asti

Boil the spinach, strain and mix them with butter then mince; boil the sausage too, mince it with care with meats and join it to the minced spinach in a pot. Knead the mixture with eggs, a lot of Parmesan cheese, salt, pepper and nutmeg.

Agnolòt astesan

As fan beuje jë spinass, as mes-cio con el butir e as ciapulo; anche la saotissa va cheuita bujèndla, ciapulandla con le carn e giontela a jë spinass ant la terin-a. As ampasto tuti j'ingredient giontandie j'euv, gran-a, sal, pe-ver e nos moscà.

Agnolotti della nonna

Preparazione: impegnativa

Ingredienti: 250 g di erbette o spinaci, 80 g di lombo di maiale, 40 g di burro, rosmarino, marsala, brodo, 35 g di animelle, 35 g di cervella, 35 g di filoni, 200 g di carne arrosto o brasato, sale, 40 g di prosciutto crudo, 1-2 uova, grana, noce moscata, pepe, vino rosso

Grado di difficoltà: complessa

Lessate erbette o spinaci, scolateli, strizzateli e tritateli; rosolate il lombo con metà del burro e un po' di rosmarino, portandolo a lenta cottura e innaffiandolo ogni tanto con il marsala e poco brodo. Intanto si sbollentano animelle, cervella e filoni, si fanno rosolare appena nel restante burro e si salano, poi si passano tutte quante, insieme alle carni, nel tritacarne con il prosciutto. Versate tali ingredienti nella terrina insieme a spinaci o erbette, uova, molto grana, noce moscata, sale e pepe, e amalgamate il ripieno. Gli agnolotti vanno cotti in abbondante brodo, al quale è stato aggiunto un po' di vino rosso (meglio Barbera). Scolateli bene e conditeli con burro fuso e grana grattugiato, o altro a piacere.

Il vino consigliato

ROERO DOC. Colore rosso rubino tendente al granato; profumo fine, fragrante, fruttato; sapore asciutto, di buon corpo, equilibrato.

Grandmother's "agnolotti"

Boil greens or spinach, strain, squeeze and mince them; brown the loin of pork with half butter and a little bit of rosemary, cook it on a low flame, sprinkle it sometimes with marsala wine and not much broth. In the meantime boil sweetbreads, brains and marrow, brown them in the rest of the butter and join the suit, then mince with meats and the ham. Pour the ingredients in the pot with spinach or greens, eggs, a lot of Parmesan cheese, nutmeg, salt and pepper, then amalgamate the stuffing. Cook the agnolotti in much broth, with the addition of half a glass of red wine (Barbera wine is better). Strain them with care and season with melted butter and Parmesan cheese.

Agnolot dla nona

Fé beuje erbëtte e spinass, scolèje e ciapulèje; rosolé el franch ëd crin con metà del butir e un pòch ëd rosmarin portandlo a cotura meusia, bagnandlo con el marsala e pòch bròd. Antratant as dësbeujò le animele, le servele, e ij filon, as fan rosolé ant el butir vanssa, as buta la sal, peuj as passa tut ant el triacarn con el giambon e ciapulé tut motobin fin.

Lasagne piemontesi

Preparazione: impegnativa

Ingredienti: 100 g di grana, 400 g di farina, 4 uova, sale, olio, burro, lasagne, pepe, noce moscata, tartufo

Grado di difficoltà: media

Fate un impasto (da cui si stenderà la sfoglia) con 100 g di grana, farina, uova (sia intere sia tuorli), sale e acqua quanto basta per ottenere una pasta omogenea e di morbida consistenza, che si lascia riposare per quasi mezz'ora prima di spianarla e ritagliarla in nastri larghi 3 cm circa e lunghi il doppio. Questi si mettono a lessare in molta acqua salata, si aggiungono 2 o 3 gocce di olio e, una volta cotti o scolati uno per volta con la schiumarola, si fanno un po' asciugare su un panno pulito, quindi si dispongono in una pirofila a strati: prima uno di burro sul fondo, poi uno di lasagne ricoperto di grana grattugiato, qualche ricciolo di burro, pizzichi di pepe e noce moscata e così via. Mettete nel fondo già caldo per pochi minuti (non devono gratinare) e servite le lasagne nei piatti con sopra scagliette al tartufo.

Il vino consigliato

DOLCETTO d'ASTI. Colore rosso rubino più o meno carico; profumo fruttato, vinoso; sapore asciutto, di medio corpo, piacevole.

"Lasagne" of Piemonte

Prepare the sheet of pastry mixing about 100 g of grated Parmesan cheese, with flour, the eggs, salt and enough water to obtain a homogeneous and soft pastry. Let it rest for half an hour and then roll out the dough and cut it out in stripes 3 cm wide and 6 cm long. Boil these strips in hot water, add 2 or 3 drops of oil and drain them one by one with the skimmer. Let them dry on a clean dish-cloth, then put them in a pyrex dish in layers: one of butter on the bottom, then one of lasagne, covered by grated Parmesan cheese, some curls of butter, a pinch of pepper, nutmeg and so on. Put the pyrex into the hot oven for a few minutes and serve the lasagne in the dishes with some truffle flakes on.

Lasagne piemontèise

Fé un ampast (për stende la sfeuia) con g. 100 ëd gran-a, la farin-a, j'euv, sal e acqua q. b. për oten-e un-a pasta omogenea e ëd consistensa mòrbida.
Lassela arposé për circa mes'ora prima de stendla e peuj artajé a bindèj larg 3 cm. e long 6.
I bindèj as fan beuje ant l'acqua bin salà, as gionto 2 ò 3 gosse d'euli, e dòp che a son cheuit e scolà un për vòlta con la s-ciumaròla, as fan suvé ansema a në strass polid e ass dispon-o, ant un-a piròfila, a strat: prima, sël fond el butir, peuj un ëd lasagne, un pòch ëd gran-a gratà, quaich rissolin ëd butir, un pëssion ëd pèiver e nos moscà e così via.
Buté ant el forn già caod për pòche minute (nen fèie gratiné) e serve le lasagne ant ij piat con ansema scaiette ëd trìfola.

Malfatti

Preparazione: rapida

Ingredienti: 400 g di spinaci o erbette, 200 g di farina bianca, pangrattato, sale, pepe, noce moscata, 2 uova, brodo, grana, burro

Grado di difficoltà: facile

Si fanno cuocere non completamente le verdure in poca acqua salata (meglio a vapore), si setacciano e, disposte nella terrina con la farina, un po' di pangrattato, sale, pepe e noce moscata, si fa un impasto ben amalgamato (aggiungete pangrattato, se troppo morbido, o pochissima acqua, se alquanto solido), da cui si ricavano polpettine di forma poco regolare (da qui il nome "malfatti"), che si fanno cuocere in acqua salata o brodo e, dopo che sono riemersi, si scolano e si condiscono nei piatti con il grana, il burro fuso o con gli altri ingredienti.

Il vino consigliato

COSTE della SESIA VESPOLINA. Colore rosso di buona intensità; profumo molto caratteristico, intenso; sapore secco, tannico, vivace.

"Malfatti" pasta

Boil not completely the vegetables in little salted water (better in a steam pot), sift and put them in a tureen with white flour, a little breadcrumbs, salt, pepper and nutmeg; prepare a mixture well amalgamated (if it is too soft, add breadcrumbs, if it is too solid, add little water), from where you'll get rissoles not perfect in shape (the Italian word "malfatti" means badly shaped): cook them in salted water or broth. When they come to the surface, drain and season them in dishes with grated Parmesan cheese, melted butter or other ingredients.

Malfatti

Cheuse le verdure an poca acqua salà (mei se a vapor) as siasso, as buto ant la terin-a con la farin-a, pan gratà, sal, pèiver, nos moscà, as fà un impast bin amalgamà (gionteje acqua se tròp dur o pangratà se tròp morbid), ricavé polpetin-e a forma pòch regolar (el nòm "malfatti") che as cheuso ant l'acqua salà o ant el bròd e dòp che a son riemersi, se scòlo, as condisso ant ij piat con el gran-a, el butir fondù o con j'aotri ingredient indicà.

Spaghetti con le rane

Preparazione: rapida

Ingredienti: 12 rane, olio, 400 g di spaghetti, sale, 1 cipolla, 1 spicchio d'aglio, 250 g di pomodori, timo, burro

Grado di difficoltà: facile

Spellate e pulite le rane e fatele saltare in padella in poco olio, senza che arrostiscano, cioè il tempo sufficiente per poterle poi disossare. Mentre si mettono a bollire gli spaghetti in acqua salata, preparate un sughetto in un largo tegame, con mezza cipolla affettata e aglio tritato, fatti tostare in olio d'oliva. Aggiungete quindi gli spaghetti cotti e scolati, unite i pomodori tritati e crudi, una presa di timo, la carne delle rane, un po' d'olio crudo e il burro. Fate saltare la pasta, mescolando, e servite.

Il vino consigliato

RUCHÈ di CASTAGNOLE MONFERRATO. Colore rosso rubino; profumo intenso, fruttato, persistente; sapore secco, tannico, leggermente amabile.

Spaghetti with frogs

Skin and clean the frogs. Brown them in a pan with little oil, just the time required to bone them. Heat the salted water for spaghetti and in the meantime prepare a sauce in a large pan, with half sliced onion and sliced garlic, browned in olive oil. Put into the pan the drained spaghetti, add the raw minced tomatoes, a pinch of thyme, the frogs meat, a little oil and the butter. Let *sauté* the pasta in the pan, mix and serve.

Spaghet con le ran-e

Splé e pulidé le ran-e e fele saoté an padela con pòch euli (senssa feje rusti) per pödej disossé.
Antant che je spaghet a beujo ant l'acqua salà, preparé un bagnèt ant una padela cita, con mesa siola a fëtte e aj ciapulà, e l'euli d'oliva.
Buteje je spaghet cheuit e scolà, gionteje le tomatiche ciapulà e crue, un pëssion ëd timo, la carn dle ran-e, un pòch d'euli crù e el butir, fè saoté la pasta mes-ciand, e serve.

"Tajarin" e tagliatelle

I "tajarin" – letteralmente "tagliolini" – come le tagliatelle sono una delle poche paste fatte a mano alla maniera emiliana, con farina, uova e con aggiunta di grana grattugiato (parmigiano), proprio della versione piemontese. Dalla sfoglia sottilissima si ritagliano, a mano o con la macchinetta, lunghe striscioline molto fini, i tagliolini, oppure strisce più larghe, cioè le tagliatelle.

Indichiamo qui di seguito le dosi per la sfoglia, e varie ricette per condire i "tajarin" asciutti (che si possono fare anche lessi in brodo).

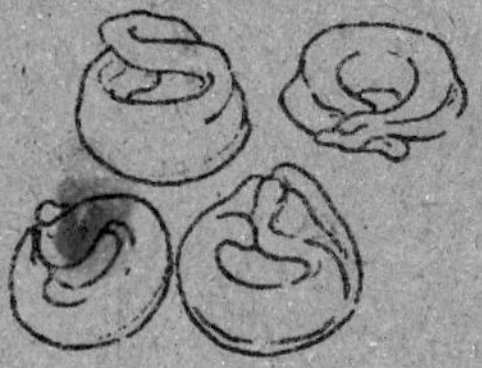

"Tajarin" and "tagliatelle"

"Tajarin" or "tagliolini", like "tagliatelle", are handmade in the Emilian way with flour, eggs and the addition of grated Parmesan cheese. From the thin pastry you can cut out long and very thin stripes, by hand or by a machine, called "tagliolini", or more large stripes, called "tagliatelle".

Here we report the doses for the pastry and some recipes to season the dry "tajarin" (you can also boil them in broth).

Al tartufo

Preparazione: rapida

Ingredienti: 80 g di burro, grana, sale, pepe, noce moscata, tartufo

Grado di difficoltà: facile

Mescolate in una terrina 80 g di burro fuso con 5 cucchiai di grana grattugiato, sale, pepe e un pizzico di noce moscata. Versate sui tagliolini o le tagliatelle, affettandovi del tartufo.

Il vino consigliato

FREISA di CHIERI. Colore rosso granato o cerasuolo chiaro; profumo elegante, delicato, fine, con sentori di rosa; sapore fresco, morbido, armonico.

With truffle

Mix in a bowl 80 g of melted butter with 5 spoons of grated Parmesan cheese, salt, pepper and a pinch of nutmeg. Season tagliolini or tagliatelle, slicing some truffle.

A la trifola

Mes-cié ant un fojòt g. 80 ëd butir slinguà, con 5 cuciar ëd gran-a gratà, sal e pèiver e un pission ëd nos moscà. Vërsé ansema aj tajarin, la trìfola a fëtte

A la "bela Rusin"

Preparazione: rapida

Ingredienti: burro, 1-2 spicchi d'aglio, salvia, rosmarino, basilico, grana grattugiato, tartufo

Grado di difficoltà: facile

Era, questa "bela Rusin", una popolana di rara avvenenza incontrata un giorno da Re Vittorio Emanuele II mentre era a caccia, e diventata in seguito sua "amica" del cuore, fino a essere insignita del rango di Contessa di Mirafiori e di Fontanafredda con in dono l'omonima splendida tenuta e la grandiosa villa, residenza estiva della Contessa, con una cantina che produceva Barolo e ora uno spumante Brut classico.
Qui si tratta di tagliatelle casalinghe, condite con burro fuso, in cui si fanno soffriggere 1 o 2 spicchi d'aglio e 3 mazzetti di erbe aromatiche, rispettivamente salvia, rosmarino, basilico. Dopo qualche minuto, si tolgono dal burro biondeggiante i tre mazzetti e l'aglio e si versa sulla pasta insieme a grana grattugiato e a scagliette di tartufo.

Il vino consigliato

ALBUGNANO ROSATO. Colore dal rosato al cerasuolo; profumo delicato, gradevole, fruttato; sapore di buona persistenza, talvolta vivace.

In "bela Rusin" way

"Bela Rusin" was a charming woman of low birth, friend of the king Vittorio Emanuele II, who became the countness of Mirafiori and Fontanafredda. She got as a gift the beautiful country estate and the great villa, the summer residence of the countness, with a cellar that produced Barolo wine and now a Brut sparkling wine.
Season tagliatelle with melted butter, where browned 1 or 2 cloves of garlic and 3 small bunches of herbs like sage, rosemary, basil. After a few minutes, take off herbs and garlic from the butter and pour it on the pasta with grated Parmesan cheese and truffle flakes.

Al ragù all'albese

Preparazione: impegnativa

Ingredienti: 150-200 g di fegatini di pollo, 1 cipolla, 250 g di pomodori, 50 g di burro, olio, sale, pepe, prezzemolo, parmigiano

Grado di difficoltà: facile

Occorrono 150-200 g di fegatini di pollo, 1 cipolla, 250 g di pomodori (freschi o pelati), 50 g di burro, 2-3 cucchiai di olio, sale e pepe. Si fa un soffritto con il burro, l'olio e la cipolla tritata, in cui si fanno appena rosolare i fegatini ben tritati, aggiungendo subito i pomodori a pezzetti, sale e pepe. C'è chi vi aggiunge alla fine prezzemolo tritato. Si cuoce lentamente per una ventina di minuti e poi si condisce con il parmigiano.

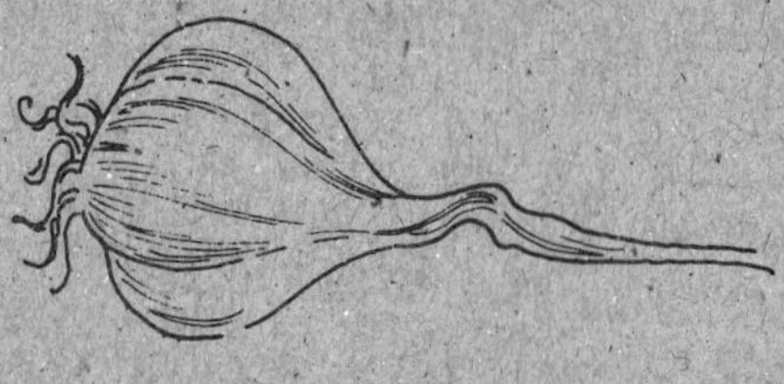

Il vino consigliato

DOLCETTO d'ALBA DOC. Colore rosso rubino; profumo fruttato, vinoso, caratteristico; sapore asciutto, armonico, di buon corpo.

With Albese ragù

You need 150-200 g of chicken livers, 1 onion, 250 g of tomatoes (fresh or peeled), 50 g of butter, 2-3 spoons of oil, salt and pepper. Brown the butter, the oil and the sliced onion with minced chicken livers, add tomatoes cut into pieces, salt and pepper. Someone add minced parsley at the end. Simmer for 20 minutes and then season with Parmesan cheese.

Al ragù all'albese:

As fan fricassé con el butir, euli e siola ciapulà, i fìdic ëd polastr ciapulà, e giontje subit le tomatiche a tòchet, sal e pèiver.
Cheuse adasi per circa 20 minute e dòp as condisso con el gran-a gratà.

Risi e Risotti

La "paniscia" novarese

Preparazione: rapida

Ingredienti: 200 g di fagioli, 1 cavolo verza, 1 carota, 1 sedano, 70 g di cotenne di maiale, sale, 50 g di lardo, 1 cipolla, 50 g di burro, 1 salamino, 360 g di riso, 1 bicchiere di vino rosso, pepe

Grado di difficoltà: facile

Lavate e fate a pezzi tutte le verdure (meno la cipolla) e le cotenne, mettetele in pentola con 2 litri di acqua salata, lasciandole bollire lentamente per quasi 3 ore. Poco prima che abbiano finito di cuocere le verdure, fate un soffritto in una casseruola con lardo tritato, la cipolla affettata sottile, metà del burro e il salamino sbriciolato. Rosolate un po' e poi aggiungete il riso, mescolate con forza e versatevi il vino. Quando questo è evaporato, abbassate un po' la fiamma e aggiungete, poco a poco, tutto il brodo con le sue verdure, fino a completa cottura del riso. Spento il fuoco, mescolate nel risotto il rimanente burro e spolverizzatelo di pepe, senza aggiungere formaggio (lo vorrebbe la tradizione...).

Il vino consigliato

PINEROLESE BARBERA. Colore rosso rubino più o meno carico; profumo vinoso, intenso; sapore secco, fresco, caratteristico.

Novara "paniscia"

Wash and cut into pieces all the vegetables (not the onion) and the pigskin, put all into a pot with 2 litres of salted water, letting them boil for 3 hours. Before the vegetables are cooked, brown in a pan the sliced onion with minced (bacon) fat, half butter and the crumbled salami. After a few minutes add the rice, stir with strenght and pour the wine. When this one is evaporated, lower the flame and gradually add all the broth with the vegetables till the rice is cooked. Turn off the fire, stir the butter in the rice and add pepper. No Parmesan cheese (as the tradition wants...).

La "Paniscia" novarese

Lavé e fé a tòch tute le verdure (senssa la siola) e le còtiche, buteje ant la pignata con 2 liter d'acqua salà, e fele beuje adasi per circa 3 ore.
Prima che le verdure a l'abio finì ed cheuse, fricassé ant un-a pignata, con lard ciapulà, la siola a fëtte sutile, 1/2 ëd butir e el salam sfërvajà.
Rosolé e peuj gionteje el ris, mes-cié e vërsé el vin.
Quand el vin a l'é consumà, basse la fiama e giontije pòch a pòch, tutt el bròd con le verdure, fin che el ris a l'é cheuit.
Smortà el feu, gionteje la metà del butir vanssà e un pëssion ëd pèiver senssa gionté el formagg.

Risotto con asparagi

Preparazione: rapida

Ingredienti: 600 g di asparagi, 50 g di burro, 1 cipolla, 450 g di riso, brodo, sale, pepe, panna, 50 g di grana

Grado di difficoltà: facile

Lessate gli asparagi (devono essere sottili) al dente, mettetene da parte le punte, fate rosolare i gambi scolati e spezzettati in una noce di burro, per pochi minuti, poi frullateli o passateli al setaccio. Nel rimanente burro soffriggete la cipolla tritata, poi metteteci il riso e tostatelo, mescolando per qualche minuto, quindi aggiungete poco per volta del brodo caldo, salate e pepate. A metà cottura unite il passato di asparagi e le punte; a cottura ultimata del riso (deve essere al dente), togliete il recipiente dal fuoco e incorporatevi la panna con 50 g di grana grattugiato.

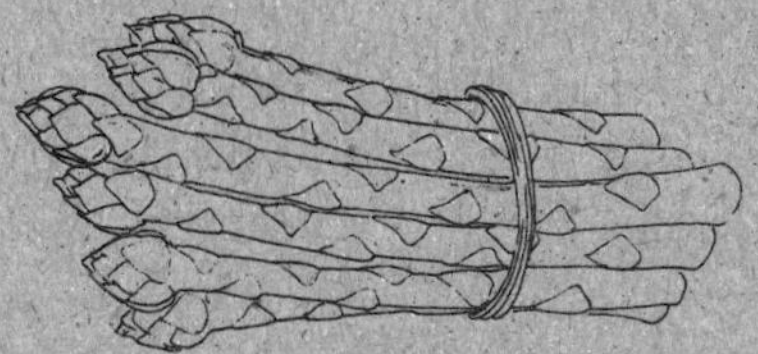

Il vino consigliato

LANGHE ARNEIS. Colore giallo paglierino più o meno carico; profumo caratteristico, fine, intenso; sapore asciutto, fresco, delicato.

Rice with asparagus

Boil the asparagus underdone (they have to be thin), put the asparagus tops aside, then brown, drain and cut stems into a pan with a piece of butter for a few minutes, then whip them or sift. In the other butter brown the minced onion, add the rice, stir for some minutes, then gradually add hot broth, salt, pepper. At half cooking time add the asparagus soup and the tops; when the rice is cooked, take the pan off the fire and stir the cream with 50 g of Parmesan cheese.

Risòt con sparz

Fë beuje je sparz al dent, gaveje le punte, fricassé la part ch'a resta, scolé e tajoché ant el butir per poche minute, sbate e passeje a lë siass.
Ant el butir che a l'é restà fricassé la siola ciapulà, gionteje el ris e rasatelo, mes-cié per pòche minute, e peuj gionteje, un cassul per vòlta, el bròd caod, sal e pèvver. A metà cheuita gionteje el passà ëd sparz e le ponte; quand el ris a l'é cheuit al dent, gavé la pignata dal feu e gionteje la fior ëd làit con g. 50 ëd gran-a gratà.

Risotto al Barolo

Preparazione: rapida

Ingredienti: 1 cipolla, 80 g di burro, 400 g di riso, 1 bicchiere di vino Barolo, brodo, grana

Grado di difficoltà: facile

Tritate la cipolla e fatela soffriggere in casseruola con metà del burro, poi aggiungete il riso e fatelo tostare a fuoco più vivo. Bagnate con il vino Barolo, lasciatelo evaporare, sempre mescolando. Poi unite poco alla volta il brodo caldo, fino a esaurimento e mescolando con frequenza. Raggiunta la cottura al dente, spegnete, incorporatevi il rimanente burro e cospargete di abbondante grana, mescolate, poi coprite la pentola e lasciate riposare per qualche minuto prima di servire.

Il vino consigliato

BAROLO DOCG. Colore rosso granato, con riflessi mattone; profumo vinoso, intenso, con sentori di rosa e viola; sapore asciutto, caldo, alcolico, pieno, vellutato.

Rice with Barolo wine

Slice and brown the onion in a pan with half butter, then add the rice and toast it. Moisten with Barolo wine, let it evaporate, always stirring. Then gradually add the hot broth, constantly stirring. When it is slightly undercooked, turn off the fire, incorporate the other butter and add a lot of Parmesan cheese. Stir, cover the pan and let it rest for some minutes before serving.

Risòt al Bareul

Ciaputé la siola e fela frise ant la pignata con metà del butir, giontije el ris e felo tosté a feu pi viv. Bagné con el vin Bareul, lasselo evaporé, sempre mes-ciand Giontije pòch per vòlta ël bròd caod e mes-cie.
Quand che ël ris a l'è cheuit al dent, smorté, giontije el butir avanssà, spantié con motobin ed gran-a, mes-cié, e peuj quaté la pignata lassé arposé per quàich minuta prima ëd serve.

Risotto con carciofi

Preparazione: rapida

Ingredienti: 10 carciofi, sale, 200 g di panna, farina, sale, pepe, 350 g di riso, 4 uova, burro, 50 g di Castelmagno

Grado di difficoltà: facile

Togliete ai carciofi le foglie esterne più coriacee, spuntateli, fateli lessare in acqua salata, poi scolateli, affettateli sottilmente, metteteli in un tegamino con la panna (nella quale sia già stato stemperato mezzo cucchiaio di farina), salate, pepate e cuocere il tutto per pochi minuti a fuoco moderato. Nel frattempo cuocete il riso molto al dente in acqua salata e cuocete le uova in "camicia" (4 minuti). Cotto e scolato il riso, disponetelo in una pirofila bene imburrata, copritelo con la salsa ai carciofi, quindi con le uova e abbondante formaggio Castelmagno grattugiato (50 g circa). Mettete la pirofila in forno molto caldo per 5 minuti.

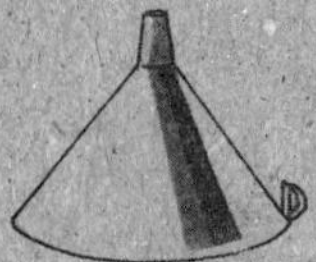

Il vino consigliato

PIEMONTE CORTESE. Colore giallo paglierino, con riflessi verdognoli; profumo delicato, gradevole, persistente; sapore fresco, secco, piacevole.

Rice with artichokes

Clean the artichokes, boil them in salted water, drain, slice and put them into a pan with the cream (in which half spoon of flour is dissolved), salt, pepper and cook the whole for a few minutes on a low flame. Meanwhile boil the rice in salted water and prepare poached eggs (4 minutes). Put the rice cooked and strained into a pyrex dish well buttered, cover it with the artichokes sauce, the eggs and a lot of grated Castelmagno cheese (50 g). Put the pyrex in the hot oven for 5 minutes.

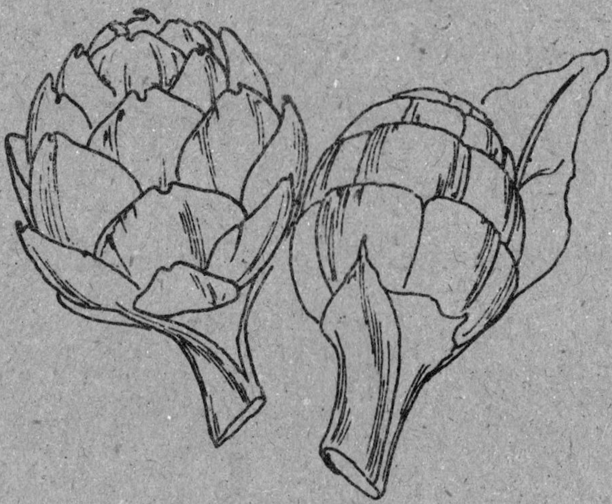

Risòt con articiòch

Gavé a j'articiòch le feuje esterne pi dure, sponteje, fé beuje an acqua salà, scoleje, taje a fëtte sutile, bruteje ant un cassarolin, con la fiòca montà con andrinta ½ cuciar ëd farin-a, sal e pèiver e cheuse per pòche minute a fiama bassa

Entratant cheuse el ris motobin al dent an acqua salà e cheuse j'euv an "camisa" (4 minute).

Cheuit e scolà el ris, butelo ant un-a "pirofila" con la saossa ëd j articiòch, peuj con j'euv e con formagg "Castelmagno" gratà. Buté la "pirofila" per 5 minute ant el forn motobin cood

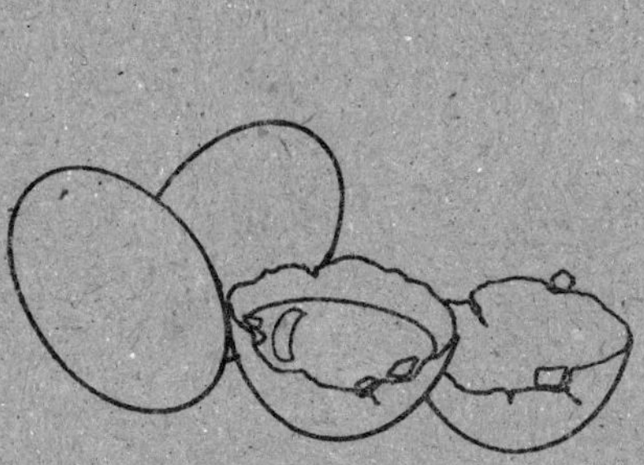

Risotto con i cardi

Preparazione: rapida

Ingredienti: 400 g di cardi, olio d'oliva, 2 cipollotti, 400 g di riso, vino, brodo, burro, 80 g di grana

Grado di difficoltà: facile

Lavate, pulite i cardi e ritagliateli a striscette. Scaldate l'olio d'oliva (3 cucchiai circa) in una casseruola, rosolatevi brevemente i cipollotti tritati (solo i bulbi), quindi unitevi i cardi, mescolate sempre e lasciate insaporire per 5 minuti. A questo punto unite il riso e fatelo tostare, rimestando; bagnatelo con il vino e lasciatelo evaporare. Versatevi ora 2 litri di buon brodo caldo, date una mescolata e lasciate cuocere così per 15 minuti senza mai rimestare e senza coperchio. Togliete poi la casseruola dal fuoco, mantecate il riso con una noce di burro e il grana grattugiato, coprite e lasciate riposare in luogo caldo per meno di mezzo minuto prima di servire.

Il vino consigliato

MONFERRATO FREISA. Colore paglierino chiaro, tendente al verdolino; profumo caratteristico, delicato, persistente, tenue; sapore asciutto, armonico, sapido.

Rice with cardoons

Wash, clean the cardoons and cut them into stripes. Heat the olive oil (about 3 spoons) in a pan, quickly brown the minced onion, add the card thistles constantly stirring and let season for 5 minutes. Now add the rice; toast it, stir and moisten with wine. Let evaporate it, then pour 2 litres of hot broth, stir and cook it for 15 minutes. Then take the pan off the fire, add a piece of butter and some grated Parmesan cheese. Stir, let it rest for a few seconds and serve.

Risòt con i card

Lavé, pulidé i card e tajeje a bindel cit. Scaodé l'euli (3 cuciar) ant un-a cassaròla, rosolé ij siolòt ciapulà, peuj gionteje i card, mes-cie e lassé anssavori per 5 minute.
Dòp gionté el ris, felo tosté, bagnelo con el vin e lasselo evaporé.
Peuj versé 2 liter ëd bròd caod, mes-cié un-a vòlta sola e lassé cheuse per 15 minute senssa querc.
Gavé la cassaròla dal feu, "mantecare" el ris con una nos ëd butir, el gran a gratà e, prima ëd serve, lassé arposé al caod per mesa minuta.

Risotto con i fegatini

Preparazione: rapida

Ingredienti: 100 g di burro, 150 g di fegatini, 100 g di salsiccia, sale, pepe, 1 cipolla, 350 g di riso, vino, brodo, 40 g di funghi, grana

Grado di difficoltà: facile

Con una noce di burro, cuocete in un tegame i fegatini tagliuzzati con la salsiccia sbriciolata, sale e pepe, per 15 minuti. Nel frattempo, soffriggete in casseruola la cipolla tritata con circa 50 g di burro e, una volta rosolata, aggiungete il riso, bagnatelo con il vino, lasciatelo evaporare e unitevi poco per volta, come d'uso, il brodo caldo. A metà cottura, aggiungete i funghi già messi a rinvenire un'ora prima nell'acqua tiepida (unite anche un po' di questa, filtrandola). Mescolate spesso e, a cottura quasi ultimata, versatevi il sugo di salsiccia e fegatini, mescolate, spegnete dopo 1 minuto e mantecate il risotto con il restante burro e il grana grattugiato.

Il vino consigliato

CANAVESE BARBERA. Colore rosso rubino con riflessi violacei; profumo vinoso, caratteristico, fruttato; sapore asciutto, armonico.

Rice with livers

Cook for 15 minutes in a casserole the livers previously cut with a piece of butter, the crumbed sausage, salt and pepper. In the meantime brown the minced onion in a pan with about 50 g of butter, then add the rice, wet with wine, let evaporate and gradually add the hot broth. At half cooking time add the mushrooms with their water (in which they have been soften before). Stir often and at the end of cooking pour the sausage sauce and livers, stir, turn off the fire after 1 minute and whip the rice with the rest of the butter and grated Parmesan cheese.

Risòt con "fegatini"

Con un-a nos ëd butir, cheuse ant un pugnatin i "fegatini" tajà con la saotissa sbrisà, sal e përver per 15 minute.
Ant un-a cassaròla feuse la siola ciapulà, con el butir (50 g.); quand che a l'è bin rosolà, gionteje el ris, bagnelo con el vin, lasselo evaporé e gionteje pòch per vòlta, el brod caod.
A metà cotura gionteje i bolè (già butà a meuje un'ora prima ant l'àcqua tëbbia).
Mes-cié soens e a la fin vërsé el sugo ëd saotissa e "fegatini".
Dòp un-a minuta, smorté el feu e "mantecare" con el butir e el formagg gran-a ranssà.

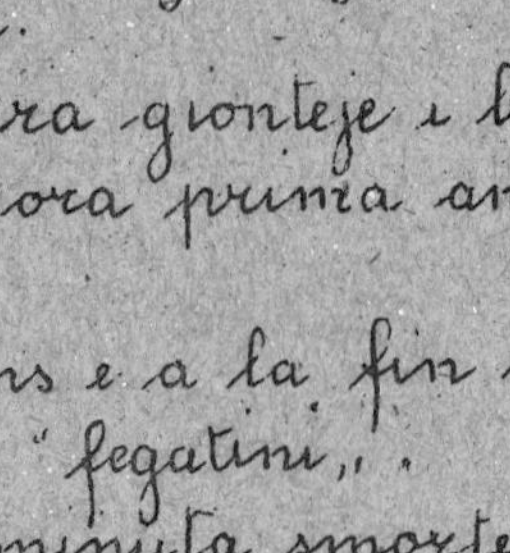

Risotto alla moda piemontese

Preparazione: rapida

Ingredienti: 400 g di riso, brodo, conserva di pomodoro, sale, 60 g di burro, grana, tartufo

Grado di difficoltà: facile

Il risotto "alla piemontese" va versato nel brodo bollente già addizionato di conserva di pomodoro. Dopo 15 minuti di cottura moderata, salate, unite burro, grana grattugiato, mescolate e spegnete; coprite la casseruola e lasciatela 5 minuti al caldo per completare così la cottura. Mescolate e servite eventualmente con scagliette di tartufo.

Il vino consigliato

GRIGNOLINO d'ASTI. Colore rosso rubino tenue; profumo delicatamente vinoso, molto gradevole; sapore asciutto, lievemente tannico, con fondo amarognolo.

Risotto in the Piemontese way

The risotto in the Piemontese way has to be poured into the hot soup, in which has been added the tomato sauce. After 15 minutes of slow cooking, add salt, butter and grated Parmesan cheese. After it all has melted, turn off the fire, cover the pot and let it cook at warm temperature for 5 minutes in order to complete the cook-ing. Finally melt and serve with truffle flakes.

Risòt a la mòda piemontèisa

El risòt "a la piemontèisa,, a va versá ant el bròd buyent già con la conserva ëd tomatiche andrinta.
Dòp 1/4 d'ora ed cotura buteje la sal el butir, el gran.a gratà, mes-cié e smorté.
Cheuvre la cassaròla e lassela al caod per 5 minute, per complete la cotura.
Mes-cié e serve (eventualment) con scaiette ëd trifola.

Risotto con le rane (o "nel pantano")

Preparazione: rapida

Ingredienti: 500 g di rane, sale, 1 carota, prezzemolo, 1 cipolla, 1 sedano, burro, olio, polpa di 2-3 pomodori, sale, pepe, riso

Grado di difficoltà: facile

Pulite le rane, mettetele a bollire in 1,5 litri circa di acqua salata con carota, prezzemolo, cipolla e sedano. Sono sufficienti pochi minuti per disossarne le cosce e mettere da parte il resto, che si pesta nel mortaio, mentre il brodo va colato. Fate un battuto con il resto della cipolla e del sedano tritati, il burro e l'olio. Appena hanno preso colore, aggiungete il riso e le rane, la polpa di pomodoro, sale e pepe. Versate lentamente il brodo delle rane, fino a fine cottura.

Variante: preparate le rane e rosolatele nel soffritto di burro e olio con cipolla, aglio e prezzemolo tritati. A parte fate il risotto nella casseruola come d'uso: tostate il riso nel battuto di cipolla e olio, bagnate con 1 bicchiere di vino bianco, senza aggiungere pomodoro, poi versate gradatamente il brodo di rane. A cottura quasi ultimata, unite il ragù di rane e una manciatina di prezzemolo. Mescolate, amalgamando bene il tutto con il riso, e finite di cuocere. Lasciate riposare un poco, mantecate il risotto con grana grattugiato e servite.

Il vino consigliato

LANGHE FAVORITA. Colore giallo paglierino; profumo delicato, caratteristico; sapore secco, con retrogusto amarognolo.

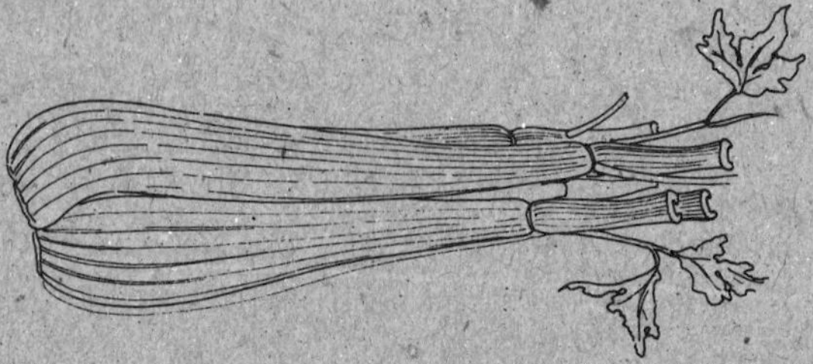

Rice with frogs

Clean the frogs, boil them in 1.5 litres of salted water with carrot, parsley, half an onion and half a celery. In a few minutes you can bone the legs and put the rest aside, that has to be crushed in the mortar, while the broth has to be strained. Brown the rest of the minced onion, of the celery, the butter and the oil. Then add the rice and the frogs, the tomatoes sauce, salt and pepper. Pour carefully the frogs broth till the end of the cooking.

Variant: clean the frogs and brown them in butter and oil with minced onion, garlic and parsley. Separately, cook the rice in a casserole as usual, toast the rice in minced onion with oil, moisten with a glass of white wine, then gradually pour the frogs broth. At the end of the cooking time add the frogs "ragù" and a pinch of parsley. Stir, amalgamating all with care. Let it rest for a few minutes, add grated Parmesan cheese, stir again and serve.

Risòt con le ran-e

Polidé le ran-e, buteje a beuje ant 1 l e 1/2 d'acqua salá con la carota, el pananSëmmo, 1/2 siola e 1/2 seller.
Disossé le cheusse e tutt lòn ch'a resta pistelo ant el morté, con l'avans dla siola e d'j'aotre verdure.
Come el tutt l'ha piait color, giontéje la polpa e el pest ëd ran-e, la polpa ëd tomatiche, sal e pèiver.
Vërsé adasi el bröd dle ran-e, fin a la fin dla cotura.

Risotto (con animelle) di S. Giovenale

Preparazione: impegnativa

Ingredienti: 300 g di animelle, limone, sale, 80 g di burro, 1 cipolla, 1 bicchiere di vino, sale, pepe, tartufo, grana, panna, pepe, 400 g di riso

Grado di difficoltà: media

Mettete le animelle per 30 minuti in acqua acidulata con succo di limone, poi scottatele in acqua salata e spellatele, lasciatele raffreddare entro un panno e sotto un peso, quindi tagliatele a dadini. Fatele poi insaporire con metà burro già mescolato con cipolla tritata e soffritta, bagnate con il vino, salate, pepate e cuocete lentamente per 20 minuti. Nel frattempo, lessate il riso al dente in acqua salata e preparate un intingolo con un pezzetto di burro, il tartufo a fettine, un cucchiaio di grana, la panna e molto pepe. Scolate il riso, conditelo con il rimanente burro e grana grattugiato, premetelo in uno stampo rotondo e sfornatelo poi sul piatto di portata, versandovi al centro le animelle con il loro sugo e spargendo quello di tartufo.

Il vino consigliato

COSTE della SESIA BONARDA. Colore rosso rubino più o meno intenso; profumo fine, intenso, persistente; sapore sapido, equilibrato, talvolta vivace.

Rice with San Giovenale sweetbreads

Put the sweetbreads into the water and lemon juice for 30 minutes, then scald them in salted water and skin. Let get cold in a cloth and under a weight. Now cut them into pieces. Season with half butter browned with minced onion, moisten with wine, add salt, pepper and simmer for 20 minutes. In the meantime, boil the rice underdone in salted water and prepare a sauce with a piece of butter, the sliced truffle, a spoon of grated Parmesan cheese, the cream and a lot of pepper. Strain the rice, season it with the rest of the butter and Parmesan cheese, put it in a round mould, churn it out on a dish, pour the sweetbreads in the centre with their sauce and pour the one with the truffle.

Risòt (con animele) ëd "S. Giovenale"

Buté le animele per 30 minute an acqua asilosa con el sugo del limon, sbolenteje an acqua salà e gavé la pel; feje sfreidé drinta un pann e sota un pèis, e peuj tajeje a dadin (cubèt).
Feje peuj anssavori con metà butir già mes-cià con la siola ciapulà e frità, bagné con el vin, buteje sal e pèiver e cheuse adasi per 20 minute.
Ant l'istess temp, fé beuje el ris ant l'acqua salà e preparé un bagnèt con un tochetin ëd butir, la trifola a cite fëtte, un cuciar ëd gran-a gratà, la fiòca e motobin ëd pèiver.
Scolé el ris, condilo con la rimanenssa dël butir e del gran-a gratà, posselo ant un stamp rotond, peuj sformelo ant el tond ed portà, versanda al sènter le "animele" con sò sugo e col ëd trifola.

Risotto alla valsesiana

Preparazione: rapida

Ingredienti: 100 g di burro, 1 cipolla, polpa di pomodoro, 400 g di riso, 1 bicchiere di vino bianco, brodo, 400 g di Toma

Grado di difficoltà: facile

Soffriggete appena in una casseruola, con del burro, la cipolla a fettine sottili, aggiungete la polpa di pomodoro (o i pelati spezzettati) in quantità a piacere, fate insaporire, poi aggiungete il riso, mescolate, bagnate con il vino e, una volta evaporato, cominciate ad aggiungere il brodo caldo come d'uso fino a cottura. A questo punto incorporatevi la Toma tagliata a fettine sottili, mescolate bene e servite leggermente brodoso.

Il vino consigliato

COSTE della SESIA NEBBIOLO. Colore rosso granato; profumo caratteristico, intenso, sapore secco, di buon corpo, caratteristico.

Valsesiana rice

Shortly brown the butter with sliced onion in a casserole, add the tomato sauce, season, add the rice, stir, wet with wine and, when it is evaporated, begin to pour the hot broth till the end of the cooking time. At this point add, while stirring, the sliced Toma cheese, stir again with care and serve a little thin.

Risòt a la Valsesian-a

Fé friciolé an cassaròla, con el butir, la siola a fëtte sutile, la polpa ëd tomatiche, an quantità a piasì; fé anssavorì, peuj giontéje el ris, mes-cié, bagné con el vin e quand a l'é evaporà, butéje el bròd caod fin-a a cotura. A la fin incorporé la toma tajà a fëtte sutile, mes-cié e serve legerment brodos.

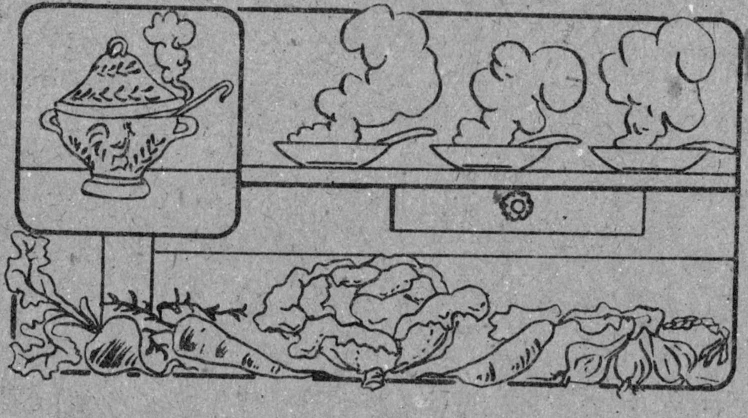

Gnocchi e Polente

Polenta concia alla biellese

Preparazione: rapida

Ingredienti: 200 g di farina gialla, 0,7 litri di latte, sale, 100 g di Toma, 20 g di Emmental, 100 g di burro

Grado di difficoltà: facile

Fate una normale polenta, usando latte e poco sale al posto dell'acqua. Quando è cotta, incorporate la Toma a tocchetti e l'Emmental a fettine. Mescolate e scodellate la polenta sul tagliere, irrorandola di burro fuso. Mescolate ancora bene e servite.

Il vino consigliato

COLLINA TORINESE BONARDA. Colore rosso rubino poco intenso; profumo intenso, vinoso; sapore caratteristico, asciutto.

"Polenta concia" of Biella

Make a normal polenta using milk instead of water, with not much salt. When it is cooked, add, stirring it, the sliced Toma cheese and Emmental cheese. Stir and serve the polenta on the trencher and get it wet with butter. Stir again with care and serve.

Polenta consa a la Bielèisa

As fà un-a polenta normal, dovrand el lait con pòca sal, al pòst ëd l'acqua.
Quand a l'è cheuita, prima ëd gavela dal paireul ancorporé la toma a tochëtin e l'emmental a fette sotile.
Mes-cié e versé la polenta an sla tajòira arosandla ëd butir slinguà color ninssòla.
Mes-cié ancora bin e serve.

Polenta concia piemontese

Preparazione: rapida

Ingredienti: 300 g di farina gialla, 0,750 litri di latte, sale, 150 g di Toma, 130 g di Fontina, 140 g di burro, grana, pepe

Grado di difficoltà: facile

Si fa una polenta con la farina e, più o meno, metà acqua e metà latte e un pizzico di sale. A essa si uniscono i formaggi Toma e Fontina a pezzettini, dopo 20 minuti di cottura (ricordarsi che la polenta va rimestata in continuazione). Fate cuocere altri 20 minuti e, quando è cotta, scodellate la polenta in una zuppiera, mescolandovi il burro fuso e il grana grattugiato con pepe (meglio se macinato grosso).

Variante: la polenta si prepara a piacere con farina e acqua (in tal caso, circa 1,25 litri) o acqua e latte, come già visto. Il burro è escluso. Aumenta invece la varietà dei formaggi: Emmental, Fontina, grana e ancora Emmental, nelle dosi ognuno di 50 g, che si mescolano alla polenta cotta, i primi due a pezzettini, gli ultimi due grattugiati.

Il vino consigliato

COLLI TORTONESI CORTESE. Colore giallo paglierino scarico con riflessi verdognoli; profumo delicato, gradevole, persistente; sapore fresco, secco, leggero.

"Polenta concia" of Piemonte

Prepare a polenta with flour, about half water and half milk and a pinch of salt. After 20 minutes add the sliced Toma and Fontina cheese (don't forget to stir continuously the polenta). Cook it for other 20 minutes and, when it is cooked, serve the polenta in a soup-tureen, with butter, grated Parmesan cheese and pepper.

Variant: prepare the polenta with flour and water (about 1.25 litres) or water and milk, as said before. No butter. The variety of cheeses increases: add sliced Emmental and Fontina cheese, then grated Parmesan cheese with grated Emmental cheese again (about 50 g each), and stir them to the cooked polenta.

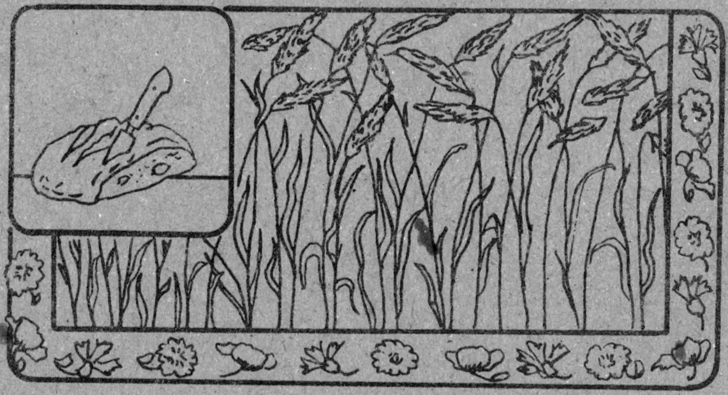

Polenta consa piemonteisa

As fà un-a polenta con la farin-a e metà acqua e metà lait e un pëssion ëd sal.
As gionto la toma e la fontin-a a tochetin; dòp 20 minute (ricordesse che la polenta a va toirà an continuassion). Fé chiuse ancora 20 minute e vërsela ant un-a terin-a; mes-ciandie el butir fondù, el gran-a gratà con pèiver, macinà gròs.

Variante

As lassa fòra el butir e aumenta la varietà d'y formagg:
emmental, fontin-a, gran-a, 50 g. ognidun che as mes-cio a la polenta già cheuita.

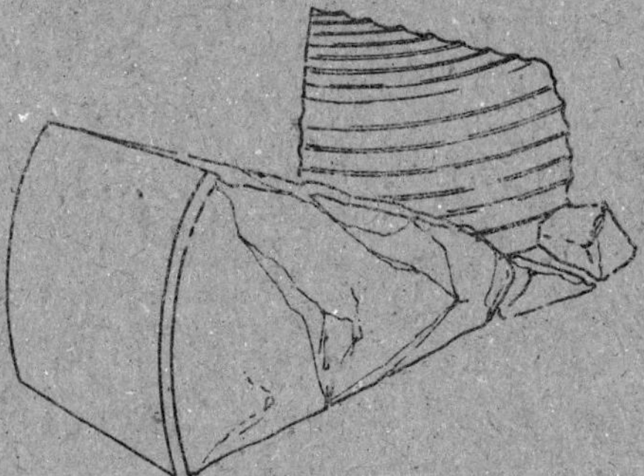

Polenta saracena

Preparazione: impegnativa

Ingredienti: 400 g di farina scura saracena, sale, 150 g di burro, formaggio di Cuneo

Grado di difficoltà: facile

Si cuoce la polenta di farina scura saracena in circa 1,5 litri di acqua bollente e appena salata. La polenta deve cuocere un'ora, sempre mescolando, per evitare che si formino grumi (più frequenti che nella farina gialla). Inoltre la saracena più cuoce, più diventa buona. Circa 10 minuti prima di toglierla dal fuoco, vi si mescola il burro e, al momento di toglierla dal fuoco, il formaggio a fettine. Mescolate e lasciate che il formaggio si sciolga, poi servite.

Il vino consigliato

COLLINE SALUZZESI PELAVERGA. Colore rosso tenue; profumo fine, delicato, fragrante, fruttato; sapore secco, armonico, morbido.

Saracen polenta

Cook the dark Saracen flour polenta in 1.5 litres of hot water with little salt. Cook the polenta for one hour, always stirring to avoid it to clot. The Saracen flour has to cook for a long time to be tastier. About 10 minutes before taking it off from fire, stir the butter and at the end of the cooking time the sliced cheese. Stir again and let the cheese melt, then serve.

Polenta sarasin-a

As fa cheuse la polenta ëd farin-a scura sarasin-a an 1 liter e mes d'acqua bujenta e pòch salà.
La polenta a deuv cheuse come minim un'ora, sempre mes-ciand.
Circa des minute prima ëd gavela dal feu as mes-cia el butir, e al moment ëd gavela dal feu as butà el formagg a ute fëtte.
Toiré e lassé che el formagg a fonde, peuj serve.

Polenta concia valsesiana

Preparazione: rapida

Ingredienti: 500 g di farina gialla, 400 g di Toma, 60 g di burro, 100 g di grana

Grado di difficoltà: facile

Si prepara una polenta che sia non troppo consistente e, quando è cotta, si versa in una teglia o pirofila già imburrata. Pareggiate la polenta in modo che formi uno strato di circa 4 cm e ricopritela con fettine sottili di formaggio; infiocchettate con il rimanente burro e cospargete con il grana grattugiato. Mettete a gratinare in forno a 200°C per il tempo occorrente (circa 20 minuti).

Il vino consigliato

PINEROLESE BONARDA. Colore rosso rubino più o meno intenso; profumo vinoso, caratteristico, intenso; sapore morbido, fresco.

"Polenta concia" of Valsesia

Prepare a not too solid polenta, and when it is cooked pour into a buttered tureen or in a buttered pyrex dish. Level the polenta to make a layer of 4 cm and cover it with grated Parmesan cheese. Cook it *au gratin* in the hot oven (200°C) for about 20 minutes.

Polenta consa dla Valsesia

As prepara un-a polenta che a sia nen tròp consistenta e quand a l'è cheuita asversa ant un-a pirofila„ già burata.
Paregé la polenta an manera ch'a forma un spessor ëd circa 4 cm. e quatela con fëtte sutile ëd formagg: buteje ansema el butir a fiochèt e ël gran-a gratá.
Buté ant ël forn a 200°C. per circa 20 minute.

Polenta pasticciata torinese

Preparazione: rapida

Ingredienti: 350 g di farina di grano saraceno, 170 g di burro, 100 g di filetti di acciuga, 200 g di formaggio fresco

Grado di difficoltà: facile

Si cuoce una polenta bigia saracena nel modo che abbiamo visto e, quando è cotta, si versa su un tagliere o un tavolo di marmo inumidito, livellandola (con la lama di un coltello lungo bagnata) in modo che formi uno strato di circa 1 cm e lasciandola poi raffreddare. Imburrate quindi una teglia e disponetevi la polenta a strati alternati: polenta, filetti di acciuga, fettine sottili di formaggio fresco e un po' di burro fatto fondere nel frattempo; poi di nuovo polenta e così via. Sull'ultimo strato va soltanto burro fuso. Passate in forno caldo per 20-25 minuti, cioè finché il pasticcio si presenti ben dorato.

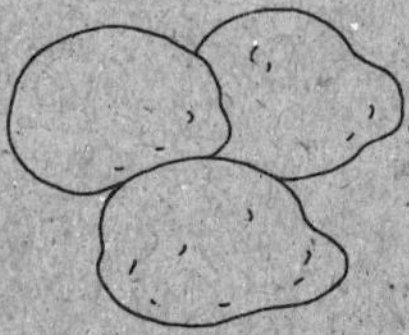

Il vino consigliato

CORTESE di GAVI. Colore giallo paglierino scarico; profumo delicatamente vinoso, con accenno di fruttato; sapore asciutto, fresco, amarognolo, sapido.

"Polenta pasticciata" of Torino

Cook the saracen polenta as described before and then pour it on a trencher and level it (with the wet blade of a long knife) to make a layer of about 1 cm and let it get cold. Butter a pyrex dish and pour the polenta on alternate layers: polenta, anchovy fillets, thin slices of fresh cheese and a little browned butter; then again polenta and so on. On the last layer put only the browned butter. Put the pyrex into the hot oven for 20-25 minutes till it becomes brown.

Polenta pastissà turinèisa

As fa cheuse 'na polenta sarasin-a e quand a l'é cheuita, as versa ansema al ciapular ò ansema a un-a taola ëd marm umidì, spianandla con lama bagnà d'un cotel, an manera che a forma un spessor ëd circa 1 cm e lassandla peuj sfreidé.
Ambutiré un-a tortiera e buteja la polenta a strat alternà:
polenta, filèt d'anciove, fëttin-e sutile ëd formagg frësch e un pòch ëd butir fondù; peuj torna polenta e così via.
L'ultim a va ëd butir fondù.
Passé ant el forn caod per 20-25 minute, fin a tant che el pastiss as presenta bin dorà.

Il gran bollito piemontese

Apriamo con il bollito la serie delle ricette a base di carni della cucina del Piemonte, regione privilegiata per la qualità delle stesse, grazie alle sue razze bovine, famose in Italia e nel mondo. Apriamo con il bollito non solo per dovere di ordine... alfabetico, ma anche perché, cucinato come si deve, questo piatto è uno dei più raffinati e prestigiosi e merita senz'altro il primo posto. Vanno fatte delle premesse: si tratta, intanto, di un "bollito" e non di un "lesso", si differenzia cioè da quest'ultimo perché non privilegia la qualità del brodo, seppure in questo debba cuocere, ma delle carni, che vanno messe in pentola quando il brodo è in pieno bollore, mentre nel lesso, che deve dare un buon brodo, le carni si mettono in pentola in acqua fredda. Le carni sono (oppure, devono essere) di diverso tipo e di prima qualità e, inoltre, esse non devono essere troppo magre, ma avere una discreta percentuale di grasso chiaro, perché il bollito non risulti asciutto. I tipi possono variare, ma, di rigore, non devono mancare: testina di vitello (oggi si trova confezionata disossata e in rotoli, ma sarebbe migliore quella intera); polpa di vitello; lingua di vitello; gallina o cappone (non necessariamente interi, secondo il numero dei commensali); cotechino (che si confeziona anche in Piemonte). Infine, non bisogna dimenticare il tipo di cottura, che è anch'esso un elemento fondamentale per un'ottima riuscita. Suggeriamo quindi gli ingredienti, senza specificare le dosi, perché chi dovrà cucinare si regolerà a suo modo (anche per quanto riguarda altri tipi di carne) e se, come spesso accade, avanza del bollito già cotto, si potrà utilizzarlo il giorno dopo come meglio si crede.

Piemonte great "bollito"

Let's start with the "bollito" the series of meat's recipes of the cooking of Piemonte, an Italian region privileged for the quality of the meat and famous all over the world. We start with "bollito" because it is one of the most prestigious dishes and it deserves the first place. "Bollito" is different from "lesso" because the first is boiled in hot broth and it doesn't underline the quality of it but the importance of the meat. This has to be first-class meat and not too thin but with a right percentage of fat. The types of meat are different: veal's head, lean meat of veal, tongue of veal, hen or "cappone", "cotechino". At the end don't forget the type of cooking, a fundamental element for good success. So we suggest the ingredients and not the doses, and if the "bollito" is left over you can eat it the following days.

Gran buji a la piemontèisa

La lenga dël bocin con anseri 1 o 2 ciò ëd garòfo as buta a cheuse con el doganeghin, ant un-a pignata a part. Tute j'aotre carn e le verdure as cheuso tute ansema.

Regola fondamental:
buté al feu l'acqua an quanutà adeguà e quand a comensa a beuje, butèje la sal e fé cheuse për prime le carn ëd manz, e, pòch apress, la carn ëd galin-a o ëd capon; se as trata ëd polastrin giovo (che a cheus pi an pressa) speté un'ora, visadì butelo ansema a le carn ëd bocin

Le verdure as buto ant la pignata (as peul buté un ciò ëd garòfo ant la siola antrega) quand l'acqua ha arpijà a beuje dòp l'immusion dle prime carn

Quaidun a preferis buté prima le verdure ant l'acqua frèida, feje beuje për 5 minute e peuj campé andrinta le carn

La cheuta a va seguia fasend atension a nen lasé stracheuse le carn, che a dovran esse cheuite al pont giust për conservé tuta la soa fragransa e sapidità; venta provè a forale con la forciolin-a fin-a a quand u saran mòrbide.

El buji a va butà ant un tond ëd portà (tnù al caod) e rosinè ëd sal grossa da cusin-a, vërsandie ansema pòch brod caod per slinguelo.
Tëé a fëtte gròsse el buji, la lenga e ël doganeghin e serve compagnà da un-a dle saosse descrite.

Carni

Brasato al Barolo

Preparazione: impegnativa

Ingredienti: 1 kg di carne di vitello, lardo, aglio, 1 carota, 1 cipolla, 2-3 chiodi di garofano, 1 bottiglia di vino Barolo, pepe, farina, 30 g di burro, olio, sale, brodo, brandy o rum

Grado di difficoltà: media

Lardellate la carne in più punti con spicchi di lardo e frammenti di aglio e mettetela a marinare in una zuppiera con carota e cipolla affettate, i chiodi di garofano, l'aglio, il vino Barolo e una presa di pepe. La marinatura deve durare un giorno e una notte come minimo (per i tradizionalisti, anche per più giorni, ma non ci sembra il caso). Trascorso il termine, levate la carne dalla marinata, infarinatela appena e fatela rosolare in una pentola con il burro, l'olio e il restante lardo tritato. Quando ha preso colore, aggiungete il sugo dell'infuso, salate e pepate, quindi coprite e lasciate cuocere a fuoco moderato per 4 ore, aggiungendo del brodo caldo, se il sugo tendesse a restringersi troppo. In ogni caso, rigirate la carne un paio di volte. Quando è cotta, disponetela sul piatto di portata e intanto passate il sugo di cottura al setaccio, rimettetelo in pentola a fuoco moderato fino a ottenere una salsa di giusta consistenza; a questo punto, versatevi del liquore, mescolate e lasciate ancora un po' sulla fiamma. Dopo aver affettato la carne, servitela nei piatti irrorata con la salsetta e accompagnata con verdure cotte al burro o con purea di patate o con polenta.

Il vino consigliato

BAROLO DOCG. Colore rosso granato, con riflessi mattone; profumo vinoso, intenso, con sentori di rosa e viola; sapore asciutto, caldo, alcolico, pieno, vellutato.

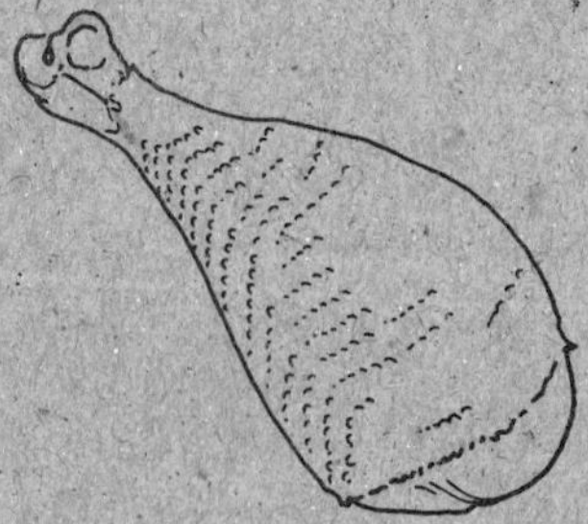

Brasato with Barolo wine

Lard in several points the piece of meat with bacon and garlic and put it in a tureen to pickle with a sliced carrot, onion and other ingredients, the cloves, the garlic, the Barolo wine and a pinch of pounded pepper. Pickle the meat one night and one day. Then remove the meat, flour it a little and brown it with pepper, oil and the rest of the minced bacon. Then add the marinata gravy, salt and pepper, cover the casserole and let it cook on a low flame for 4 hours. If it is necessary add hot broth. Turn the meat two times. When it is cooked, put it into a dish and sift the gravy. Put the gravy into a pan again to obtain a homogeneus sauce. Before turning off the flame, pour one spirit, blend and let the sauce on the flame a little bit. Slice the meat, serve it with sauce, some cooked vegetables, polenta or mashed potatoes.

Brasà al Bareul

Anlardé ël tòch ëd carn con fische d'aj a tòch e butelo a carpione ant un-a tupin-a con tuti j'ingredient.
La "marinatura" a deuv duré un dì e un-a neuit.
Passà el temp necessari, gavé la carn, anfarinela e fela rosolé ant un-a pignata, con butir, euli e el lard vanssà.
Quand la carn a l'ha pià color da tute le part gionteje el sugo dl'infus, quaté la pignata e lassé cheuse per 4 ore, giontand del bròd caod, se el sugo a tend a riduve tròp.
Quand la carn a l'è cheuta, butela ans el piat ëd portà e passé el sugo ëd cheuta a lë siass, peuj butelo torna al feu, fin-a a oten-e un-a giusta consistenssa; prima ëd smorté el feu, versé i licor, mës-cié e serve la carn arosé con la saossa, compagnà con verdure cheute al butir, ò con puré ëd patate ò polenta.

Rostone d'Alba

Preparazione: impegnativa

Ingredienti: 50 g di burro, olio, salvia, rosmarino, 500 g di filetto di vitello, sale, pepe, 1 cipolla, 1 carota, 1 costa di sedano, alloro, 1 bicchiere di vino, brodo, panna, tartufo

Grado di difficoltà: media

Rosolate nel burro e nell'olio qualche foglia di salvia e rosmarino, aggiungetevi il pezzo di filetto, salate e pepate, poi unitevi le verdure affettate finemente e l'alloro; mescolate e, dopo 1-2 minuti, bagnate con metà del vino e proseguite nella cottura a fuoco lento lasciando evaporare il vino, poi versate a cucchiaiate un po' di brodo. All'incirca dopo un'ora e mezza la carne va tolta dal recipiente tenendola a parte in caldo. Passate ora il sugo di cottura al setaccio, rimettetelo in casseruola con l'aggiunta della panna e del vino rimasto, mescolate e unitevi la carne, cuocendola lentamente per un'altra mezz'ora fino al punto giusto. Affettatevi sopra il tartufo e servite.

Il vino consigliato

GHEMME RISERVA. Colore rosso rubino tendente al granato; profumo caratteristico, fine, gradevole, etereo; sapore asciutto, sottile, sapido, armonico.

"Roston" of Alba

Brown in butter and oil some leaves of sage and rosemary, add the piece of fillet, salt and pepper. After adding the sliced vegetables with bay leaf, mix all and after 1 or 2 minutes get the fillet wet with wine and carry on the cooking on a low fire. Let the wine evaporate, then pour the broth with a spoon. After half an hour take off the meat from fire and keep it hot. Sift the cooking sauce, put it again into a casserole adding the cream and more wine. Stir the sauce and add the meat, cooking it again for another half an hour. Slice on the truffle.

Roston d'Alba

Rosolé ant ël butir e ant l'euli, quàich feuja ëd salvia e rosmarin, gionté ël tòc ëd filèt, la sal e ël pèiver, peuj giontëje le verdure a fëtte fin-e, ël lauro; mes-cié e dòp 1-2 minute, bagné con la meta del vin e continué ant la cotura a feu meusi, lassand evaporé ël vin, peuj versé a cuciarà un pòch ëd bròd.
Dòp squasi un'ora e mesa la carn va gavà dal recipient e butela a part al caod.
Passé ël sugo ëd cotura a lë siass, butelo torna ant la cassaròla giontanda la fior ëd lait e vin vanssà; mes-cié e gionté la carn, fela cheuse adasi per un'aotra mesòra fin-a al pont giust.
Butëje ansema la trìfola e serve.

Stracotto ai tartufi

Preparazione: impegnativa

Ingredienti: 1 carota, 1 spicchio d'aglio, 1 cipolla, 1 costa di sedano, prezzemolo, olio, 40 g di burro, 800 g di carne, 20 g di lardo, farina, sale, pepe, 20 g di funghi secchi, vino bianco secco, brodo, tartufo

Grado di difficoltà: media

Tritate le verdure e poi fatele rosolare in casseruola con olio e burro, rimestate, dopo qualche minuto unitevi la carne già stecchettata con frammenti di lardo in più punti e poi infarinata. Fate rosolare la carne girandola, salandola e pepandola, aggiungetevi i funghi (fatti rinvenire un'ora prima in acqua calda e ben strizzati). Salate poco, rimestate, quindi versate il vino con un bicchiere o due di brodo, coprite e lasciate cuocere a fuoco lento per circa 3 ore, bagnando ancora con brodo, se è necessario. A cottura ultimata, togliete la carne, tagliatela a fette, irroratela con il sugo passato al setaccio e affettatevi del tartufo.

Il vino consigliato

COLLINE NOVARESI DOC. Colore rosso più o meno intenso; profumo intenso, caratteristico; sapore asciutto, armonico, pieno.

"Stracotto" with truffles

Mince the vegetables and then brown them in a casserole with oil and butter, stir, then add the meat dipped in flour. Brown the meat turning it, add salt and pepper, add the mushrooms soaked in hot water and well squeezed. Add salt, stir, then pour the wine with a glass or two of broth, cover and let it simmer for about 3 hours. If it is necessary moisten with other broth. At the end of cooking, take off the meat, slice it, wet it with the sifted sauce and slice on the truffles.

Stracheuit a lë trifole

Ciapolé le verdure e feie rosolé an cassarola con euli e butir, giontéje la carn già stëccà con tochetin ëd lard e peuj anfarinà.
Fé rosolé la carn girandla, ampëvrandla, giontéje i bolé. Pòca sal, mes-cé e vërsé ël vin, un ò doi bicer ëd bròd, lassé cheuse a fiama bassa per 3 ore, bagnanda con el bròd, se necessari.
A cotura ultima, gavé la carn dal feu, tajela a fëtte, bagnela con el sugo passà, a lë siass e giontéje la trifola a fëtte.

Lo stufato

Lo stufato ha preso il suo nome dall'abitudine antica di far cuocere la carne nella stufa per molte ore, così da renderla tenerissima. Era, e lo è ancora, un piatto tradizionale nel Piemonte, preparato in vari modi; oggi si cuoce in casseruola, o al forno, e non si discosta molto dal brasato o dallo stracotto. Diffuso un po' ovunque, specie la versione Casalese (Alessandria e dintorni). Lo stufato che avanza serve egregiamente per il ripieno degli agnolotti.

The stew

The name "stufato" (stew) derives from the ancient way of cooking the meat over the stove for many hours, to make it very tender. It is a traditional dish of Piemonte, and it is prepared in several ways. Today it is cooked in a casserole or in the oven, and it is not too different from the "brasato" or the "stracotto". It is very widespread, especially the Casalese's one (of Alessandria). The leftover "stufato" can be used for the stuffing of "agnolotti".

Le stifà

As cheus an cassaròla o al forn, come el brasà ò lë stracheuit e a serv bin per l'empura d'j'agnolòt.

La tofeja

Preparazione: impegnativa

Ingredienti: 120 g di cotenne e piedini di maiale, 150 g di fagioli, 1 verza, 2-3 patate, 1 carota, 1 cipolla, 1 spicchio d'aglio, 1 costa di sedano, salvia, rosmarino, alloro, noce moscata, 1 salamino, sale, pepe

Grado di difficoltà: media

È un antico piatto speciale, che potrebbe stare in tavola come zuppa o minestra, ma, in realtà, è un piatto unico di carni di maiale stracotte o stufate insieme ai fagioli, in una pentola a quattro manici di terracotta, che si chiama appunto "tofeja" nel dialetto del suo luogo natio, il Canavese.
Come si è già detto, è un piatto di lunga preparazione, che, per la cottura, richiederebbe la stufa a legna che oggi si può sostituire con forno elettrico o a gas, tenendo il fuoco al minimo: deve infatti cuocere lentamente per 6 ore! Per tale motivo è preferibile la pentola di terracotta. Pulite, raschiate, fiammeggiate cotenne e piedini, metteteli nella pentola (pazienza se non è quella originale, si potrà ricorrere a una smaltata) insieme a fagioli, verza, patate, carota, cipolla, aglio e sedano, tutti tagliati a pezzetti; quindi si aggiungono gli altri odori, le spezie e, infine, il salamino a pezzetti. Coprite il tutto con acqua, salate, pepate e mettete a cuocere a pentola coperta nel modo e per il tempo che si è detto. Si otterrà un composto denso. Servite la "tofeja" nelle scodelle e destinate a ogni commensale mezzo piedino, due cotenne, due costine e tutto... il resto. Vi si possono inzuppare, o mettere prima nelle scodelle, crostoni di pane tostato.

Il vino consigliato

GABIANO DOC. Colore rosso rubino tendente al granato; profumo vinoso, caratteristico, gradevole; sapore secco, di buon corpo, armonico.

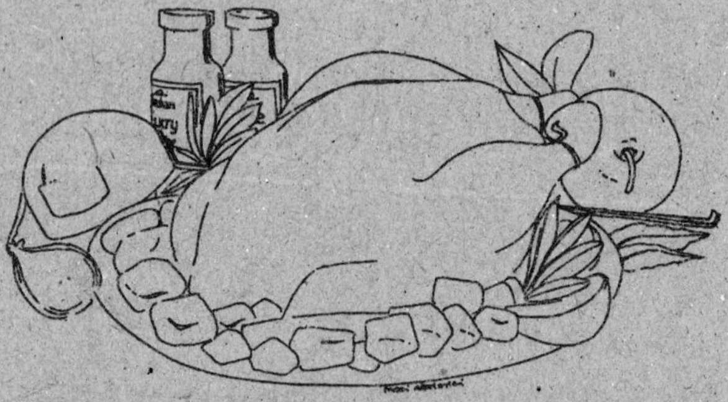

"Tofeja"

It is a traditional and special dish. It consists of pork meat boiled and stewed with beans in an earthenware pan called, in dialect, "tofeja". This recipe requires a long preparation and cooking on a low flame: it has to be cooked for 6 hours, preferably in an earthenware pan.

Clean and singe the pig's skin and trotters, put them into the pan with beans, savoy cabbage, potatoes, a carrot, an onion, garlic and celery, all sliced. Then add the other herbs and the sliced small salami. Cover the whole with water, add salt and pepper and cook it. You will obtain a dense mixture. Serve the "tofeja" in bowls with toasted bread.

La tofeja

A l'é un piat antich ëd carn ëd cun stracheuite ò stuvà con ij faseui, ant un-a pignata a quatr man-i ëd teracheuita che as ciama "tofeja„ ant el dialèt del Canavèis.
As deuvo cheuse tuti j'ingredient ansema per circa 6 ore ant la pignata ëd teracheuita, peuj serve ant le scuele con croston ëd pan tostà.

Trippa alla piemontese

Preparazione: impegnativa

Ingredienti: 600 g di trippa, 15 g di burro, 25 g di lardo, cipolle, 500 g di porri, 2 coste di sedano, salvia, 250 g di patate, sale, pepe, brodo, 200 g di verza, grana

Grado di difficoltà: facile

La trippa deve essere acquistata già pronta e ritagliata in striscette come tagliatelle. Si fa un soffritto con burro e lardo tritato in una capace casseruola, rosolandovi cipolle, porri e sedano tagliati sottili e qualche foglia di salvia, finché prendano poco colore. Unitevi allora le patate a tocchetti e la trippa, salando e pepando. Mescolate, coprite a raso con buon brodo, mettete il coperchio e cuocete a fuoco moderato per 1 ora circa; a questo punto aggiungete la verza tagliata a striscioline e continuate la cottura per un'altra ora. Servite la trippa cosparsa di abbondante grana grattugiato.

Il vino consigliato

PINEROLESE DOLCETTO. Colore rosso rubino, con riflessi violacei; profumo delicato, vinoso; sapore secco, morbido, fresco.

"Trippa" of Piemonte

You have to buy the "trippa" already cleaned and cut in stripes like "tagliatelle". Brown the butter with minced lard in a big casserole, add the onions, the leeks, the celery, all sliced, and some sage leaves. Add the potatoes cut in pieces and the "trippa", salt and pepper. Stir, cover the whole with broth, put the lid on and cook on a medium flame for an hour. Then add the sliced cabbage and go on cooking for another hour. Serve the "trippa" with a lot of grated Parmesan cheese.

Tripa a la piemontèisa

La tripa a deuv esse catà già pronta e tajà a bindej come ij tajarin.
As fa un-a fricassà con butir, lard ant un-a cassaròla, e as buto a rosolé siole, pòro e seller e quaich feuja ëd salvia, finché a pijo color.
Gionteje le patate a tochèt e la tripa.
Mes-cie, buté el bròd, e cheuse a feu bass per 1 ora; gionteje la verza tajà a bindej sutil e continué la cheuita per un'aotra ora.
Serve la tripa con motobin ëd gran-a gratà.

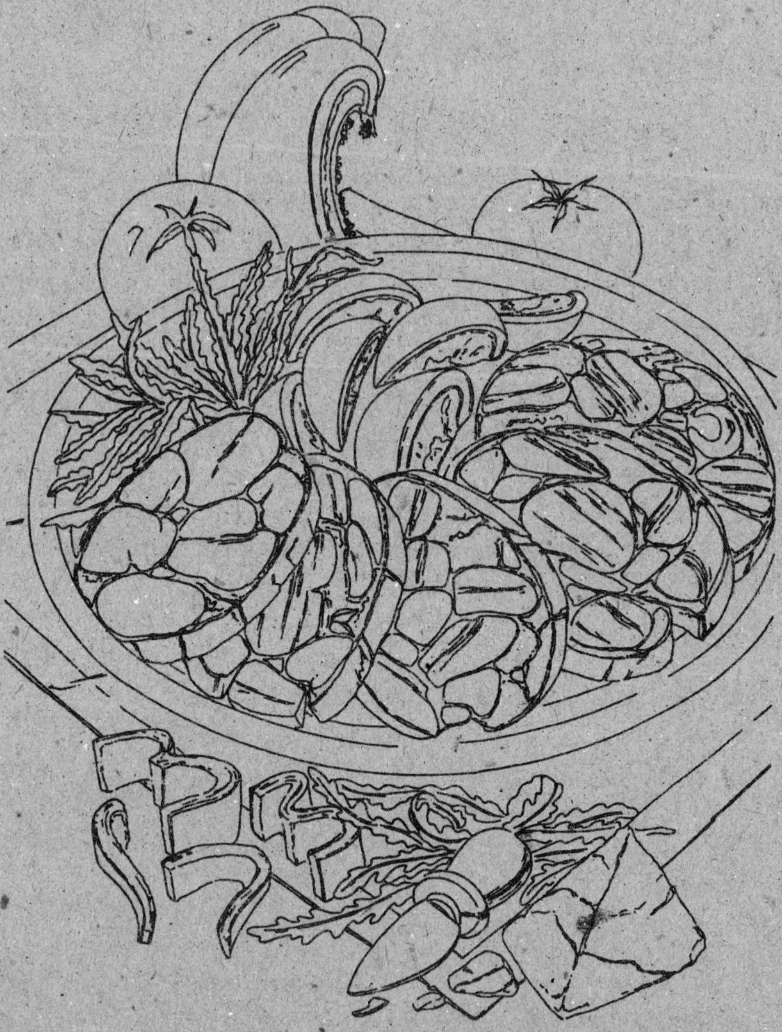

Pollame e Selvaggina

Anatra ripiena al riso

Preparazione: impegnativa

Ingredienti: 1 anatra, 100 g di riso, sale, 250 g di fesa di vitello, cipolla, 150 g di salsiccia, 100 g di pancetta, prezzemolo, 1 spicchio d'aglio, 2 uova, sale, pepe, noce moscata, burro, olio, salvia, rosmarino

Grado di difficoltà: media

Cuocete il riso in acqua salata e, intanto, tritate la fesa e fatela rosolare con la cipolla, la salsiccia e la pancetta. Mescolate spesso e fate prendere colore, quindi versate l'intingolo in una terrina unendovi il riso cotto al dente e il prezzemolo tritato insieme all'aglio, le uova, sale, pepe e noce moscata. Amalgamate il ripieno e con questo farcite l'anatra (pulita, svuotata e fiammeggiata). Ricucitela e fatela rosolare da tutte le parti a fuoco vivo in una noce di burro e 2 cucchiai d'olio, salvia e rosmarino. Aggiustate un poco sale e pepe, coprite e lasciate cuocere a fuoco lento per 2 ore abbondanti, eventualmente inumidendo con acqua.

Il vino consigliato

GHEMME DOCG. Colore rosso granato, con riflessi mattone; profumo vinoso, etereo, con sentori di viola; sapore asciutto, corposo, amarognolo, vellutato.

Duck stuffed with rice

Boil the rice in salted water and in the meantime mince the "fesa" and brown it with sliced onion, crumbled sausage and minced bacon. Stir continuously and when the meats are getting brown pour the sauce into a tureen adding the cooked and drained rice, the parsley minced with garlic; with this mixture stuff the duck (cleaned, emptied and singed). Sew and brown it with a piece of butter and 2 spoons of oil, sage and rosemary. Add a pinch of salt and pepper, put a lid on and let simmer for 2 hours; if necessary moisten with water.

Ania ripien-a al ris

Cheuse el ris an aqua salà, ciapulé la fesa e fela rosolé con la siola tajà fin-a, la saotissa sfrisà e la cona ciapulà gròssa. Mës-cié soens e fé pié color, peuj vërsé la saossa ant un fojòt giontandie el ris cheuit al dent e scolà, el panansëmmo ciapulà con l'aj j'euv antregh, sal, peiver e nos moscà.
Amalgamé l'empura e con lòn ampini l'ania pulida, svuidà, decapità e fiamegià. Arcuse e fela rosolé da tute le part a fiama viva ant un a nos ëd butir e 2 cuciar d'euli, marlipò e ròsmarin. Rangé sal e pèiver, quatè e lassé cheuse a fiama bassa per 2 ore bondose, eventualment umidì con aqua.

Cappone alla Cavour

Preparazione: impegnativa

Ingredienti: 1 cappone da 2,5 kg, 400 g di castagne, 150 g di prugne secche, 1 mela, 1 pera, 150 g di salsiccia, sale, pepe, 1 bicchiere di vino Barolo, tartufo, cappone, 1 bicchiere di brandy

Grado di difficoltà: complessa

Cominciate con l'arrostire e sgusciare le castagne; intanto mettete le prugne a bagno in acqua tiepida, snocciolatele, quindi affettate mela e pera sbucciate e collocate tutto in una terrina insieme alla salsiccia sbriciolata. Salate e pepate, mescolate bene gli ingredienti, versatevi il vino e lasciate marinare per 3 ore almeno, dopodiché aggiungete un piccolo tartufo affettato sottilmente. Farcite quindi il cappone, già pronto e possibilmente disossato, salato e pepato dall'interno, col composto marinato e tartufato; ricucitelo e fatelo cuocere in forno caldo innaffiandolo ogni tanto con il brandy e con il suo sugo di cottura.

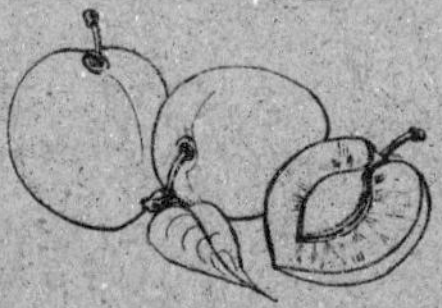

Il vino consigliato

LESSONA DOC. Colore rosso rubino granato; profumo fine, intenso, vinoso, con sentori di viola; sapore asciutto, tannico, di giusto corpo.

Cavour's "cappone"

Roast and clean the chestnuts; in the meantime put the prunes into warm water, stone them, slice the apple and the pear and place the whole into a tureen with the crumbled sausage. Add salt and pepper, stir the ingredients, pour the wine and let marinate for about 3 hours, then add a small truffle sliced with care. Stuff the "cappone", cleaned and boned before, add inside salt and pepper and the marinated mix. Sew the "cappone" and cook it in the hot oven getting it wet with brandy and its cooking sauce.

Capon a la Cavour

Fé rostì le castagne, desgrojéie, e antant buté le bërgne a bagn an acqua tëbria e dësninsoléje; tajé a fëtte pom e pruss e buté tutt ant un-a tarin-a con la saotissa sfrisà.
Buté sal e pèiver, vërsé el vin e lassé ancarpioné per almen 3 ore.
Giontéje a la fin un-a cita trìfola tajà a fëtte sutile.
Empinì ël capon, già disossà, salà e peivrà andrinta, con el compòst marinà e tartufà; arusé e felo cheuse ant el forn caod, bagnandlo, minca tant, con el brandy e con el sugo ëd cotura.

Pollo alla cacciatora delle Langhe

Preparazione: rapida

Ingredienti: 1 pollo da 1 kg, 50 g di burro, olio, rosmarino, alloro, sale, pepe, 1 cipolla, 3 pomodori, brodo.

Grado di difficoltà: facile

Pulite, fiammeggiate il pollo e tagliatelo in 8 pezzi (esclusi collo e testa), mettendoli in un tegame con burro, olio, rosmarino, alloro, una presa di sale e una di pepe. Fate rosolare brevemente, poi unite la cipolla a fettine sottili cuocendo fino a ottenere un colore biondo e, a questo punto, unite i pomodori tritati fini; continuate a cuocere a fuoco moderato, bagnando ogni tanto con brodo caldo, fino a fine cottura. Il sugo deve risultare semidenso e va servito con il pollo caldo.

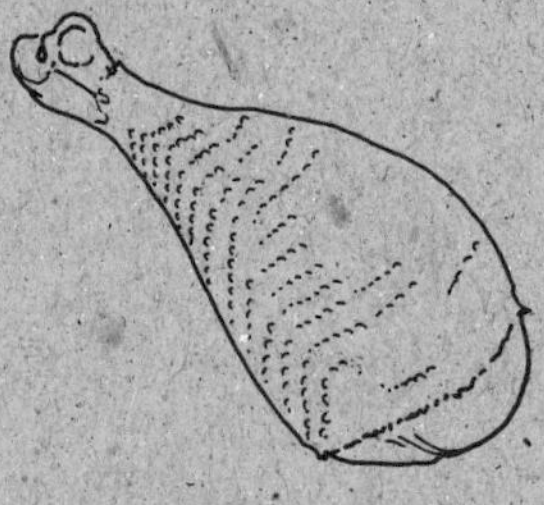

Il vino consigliato

DOLCETTO di DOGLIANI. Colore rosso rubino con riflessi violacei; profumo vinoso, caratteristico; sapore equilibrato, secco, gradevole.

Langhe "cacciatora" chicken

Clean, singe the chicken and cut it in 8 pieces (without the head and the neck), put it into a casserole with butter, oil, rosemary, bay, a pinch of salt and pepper. Brown it for a few minutes, add the sliced onion and then add minced tomatoes; cook on a moderate flame, moisten with hot broth till the end of the cooking time. The sauce shouldn't be much thick and must be served with the hot chicken.

Polastr a la cassadora dle Langhe

Pulidé e fiamegé el polastr e tajelo an 8 tòch (senssa la testa e el col) buteje ant un fojòt con butir, euli, rosmarin, lauro, un përssion ëd sal e pèiver.
Fé rosolé, peuj gionteje la siola a fette sutile fin-a a oten-e un color biond; peuj gionteje le tomatiche ciapulà fin-e, continué a cheuse a fiama bassa bagnand con bròd caod, fin-a la fin dla cotura.
La bagna a deuv risulté nen tant spëssa e a va servìa con el polastr caod.

Capriolo al ginepro

Preparazione: impegnativa

Ingredienti: 1,5 di sella di capriolo, olio, 40 g di burro, sale, pepe, 1 cipolla, 1 carota, 1 costa di sedano, 1 spicchio d'aglio, 40 bacche di ginepro, alloro, 0,750 di Marsala, 250 g di panna

Grado di difficoltà: media

Fate rosolare in una casseruola il pezzo di capriolo, con l'olio e metà del burro, sale e pepe. Quando ha preso un po' di colore, aggiungete le verdure (affettate o a tocchetti), le bacche di ginepro e l'alloro. Cuocete a fuoco vivace per 10 minuti mescolando, poi versate il Marsala e passate la casseruola in forno a 180°C per 45 minuti. Cotta la carne, toglietela e passate l'intingolo di cottura al passaverdure, versatelo in un tegamino, unitevi la panna e fatelo ridurre a fuoco basso mescolando bene. Tagliate a fette la carne irrorata con la salsa.

Il vino consigliato

SIZZANO DOC. Colore rosso tendente al granato; profumo intenso, gradevole, caratteristico; sapore asciutto, caldo, armonico.

"Capriolo" with juniper

Brown in a casserole the "capriolo" with oil and half butter, salt and pepper. Then add the cut vegetables, the juniper berries and the bay. Cook for 10 minutes, stir and pour the Marsala wine. Put the casserole into the hot oven (180°C) for 45 minutes. When the meat is cooked, take off the casserole from the oven and sift the cooking sauce; pour it into a pan, add the cream and reduce on a low fire stirring with care. Cut the meat and add its sauce.

Cravieul al zeneiver

Fé rosolé ant un-a cassaròla el toch ëd cravieul con l'euli e metà del butir, sal e pèiver.
Quand a l'ha piait un pòch ëd color, giontéje le verdure, ij pomin ëd zenèiver e el lauro.
Cheuse a fiama viva per 10 minute mes-cianda, peuj vërsé el Marsala e passé la cassarola an forn a 180° e 3/4 d'ora.
Cheuita la carn, gavela e passé la bagna ëd cotura al passaverdure, vërsela ant un pignatin, gionté la fioca e feulo ridue a feu bass, mes-ciand bin.
Tajé a fëtte la carn bagnà con la saossa.

Fagiano in salmì

Preparazione: impegnativa

Ingredienti: 1 fagiano, sale, pepe, lardo, timo, rosmarino, burro, olio, salvia, alloro, 2 chiodi di garofano, cannella, brodo, prezzemolo, 1 spicchio d'aglio, 1 acciuga, 1 bicchiere di Marsala

Grado di difficoltà: complessa

Per il fagiano (come per altri selvatici analoghi, ad esempio la starna e la pernice, che si possono cuocere negli stessi modi) è necessario premettere che deve avere una adeguata frollatura a temperatura ambiente (non in frigorifero) e con le sue penne, che si tolgono al momento di cuocerlo. Il punto giusto di frollatura, che può andare da 2 a 7 giorni, si ha quando il suo addome prende a colorarsi di turchino e sprigiona un odore del tutto speciale, molto gradito e apprezzato dai buongustai, un vero aroma: è solo così che il fagiano sviluppa la sua fragranza!
Spennato dunque il selvatico e fiammeggiato, come si fa con un pollo, e svuotato delle interiora, si spolvera all'interno di sale e pepe, introducendovi striscioline di lardo fresco, pizzichi di timo e di rosmarino essiccati e si mette in casseruola, dopo averlo ricucito, con burro, poco olio, poco lardo battuto, salvia, rosmarino, timo, alloro (1-2 foglie), i chiodi di garofano, la cannella, sale e pepe; si fa quindi rosolare a fuoco vivace perché prenda colore, poi si aggiunge, di tanto in tanto, qualche cucchiaiata di brodo bollente e si abbassa la fiamma, lasciando cuocere lentamente per mezz'ora circa, rigirandolo spesso. Intanto si prepara a parte il salmì, tritando fegato, cuore e stomaco del fagiano e unendovi prezzemolo, aglio e acciuga tritati. Bagnate con poco brodo,

amalgamate bene e unire questa salsa al fagiano in pentola, fate cuocere ancora per qualche minuto unendo un altro pezzo di burro intriso nella farina per addensare tutto il sugo. Tolto il fagiano e messo sul piatto di portata, ricopritelo con il salmì caldo innaffiato, pochi minuti prima di spegnere, con il Marsala e passato al setaccio.

Il vino consigliato

BOCA DOC. Colore rosso rubino con sfumature granato; profumo vinoso, con sentori di viola mammola; sapore asciutto, pieno, armonico.

Pheasant "in salmì"

It is necessary to let the pheasant hang at room temperature and with its feathers, from 2 to 7 days. Take off the feathers, singe the pheasant and clean it from the entrails, add salt and pepper inside, then some stripes of bacon fat, a pinch of thyme and rosemary and put the sewed bird into a casserole, with butter, oil, bacon, sage, rosemary, thyme, bay, clove, cinnamon, salt and pepper; brown it on a high flame, then add some spoon of hot broth and reduce the flame. Let cook for half an hour, often turning it over.
Prepare the "salmì" sauce mincing liver heart and stomach of the pheasant, adding the parsley, the garlic and the anchovy, all minced. Moisten with a little broth, amalgamate with care and join this sauce to the pheasant in the casserole; cook all for some minutes adding a piece of butter with flour, to thicken the sauce. Take out the pheasant and put it on the plate, cover the bird with the hot "salmì" sauce. Before turning the fire off, wet the sauce with Marsala wine and sift it.

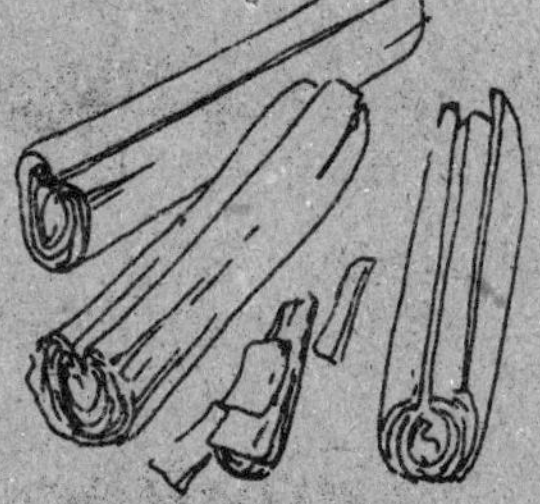

Fasan an salmì

Për el fasan, come per j'aotri selvatic (starna e pernis) a deuvo avei un a adeguà froladura a temperatura ambient e con le soe piume, che as gavo al moment ëd cheuslo.
El pont giust ëd froladura (da 2 a 7 dì) a l'è quand la pansa as colora ëd bleu-turc e a manda un odor special, motobin gradì e apressià da j'intenditor.
Splà e fiamegià el fasan, sveuidà da tute le intereriora, as despovra a l'intern con sal e pèiver, butand ëd fetin-e ëd lard, quàich tochetin ëd sèrpol (timo), e ëd rosmarin e dòp aveuilo cusì as buta a rosolè an cassaròla a feu viv perchè as colouissa, peuj as bassa la fiama e as lassa cheuse per 1/2 ora circa. A part as pronta el "salmì" ciapoland fidich, cheur e stòmi del fasan, giontandie panansemmo, aj e anciova ciapulà. Bagné con pòch bròd e unì la saossa al fasan giontandie ancora un tochetin ëd butir e un pòch ëd farin-a per anspëssì el sugo.
Gavà el fasan dal feu, butelo ans el piat ëd portà, cheuvre con el salmì caod e bagnà con el Marsala, pòche minute prima ëd smorté el feu.

Fagiano tartufato

Preparazione: impegnativa

Ingredienti: 1 fagiano, 200 g di burro, lardo, 150 g di pancetta, odori e spezie, tartufo, sale, pepe, 1 bicchiere di Marsala, olio

Grado di difficoltà: media

Mettete in un tegame il burro, un po' di lardo tritato insieme alla pancetta, odori e spezie tritati, il tartufo a fettine, sale e pepe e cuocere per 15 minuti, poi versatevi il Marsala e alzate la fiamma; fate addensare, mescolando, quindi mettete il composto a raffreddare. Con questo composto riempite il fagiano già frollato; dopo averne salato un po' l'interno, mettetelo in teglia con l'olio e 50 g di burro, passandolo in forno caldo per un'ora circa.

Variante: sono molte le ricette del fagiano tartufato, tra cui suggeriamo la seguente: farlo a pezzi non troppo grossi, infarinarli e farli rosolare in un soffritto di carota, cipolla e pancetta tritata, insieme al burro. Si bagna quindi con del vino o con del Marsala, quindi si fa cuocere con coperchio e, a metà cottura, si uniscono delle foglie di alloro e il succo di mezzo limone. Il fagiano, cotto, va poi servito cosparso di sottili scagliette di un bel tartufo.

Il vino consigliato

CAREMA DOC. Colore rosso granato, con sfumature mattone; profumo vinoso, con sentori di rosa appassita; sapore asciutto, moderatamente acido, morbido.

Pheasant with truffle

Put into a pan the butter, a little "lardo" minced with bacon, minced spices, the cut truffle, salt and pepper. Cook all for 15 minutes, pour the Marsala wine and higher the flame. Stir, let the mix thicken and let it get cold. Then stuff the pheasant adding the salt inside; put it in a casserole with oil and butter and cook it in a hot oven for one hour.

Variant: the variants of the recipe of "fagiano tartufato" are many. Following another one you can cut the pheasant in big pieces, dip it into the flour and brown them with carrot, onion, minced bacon and butter. Moisten with wine or Marsala, cook it with a lid on and at half cooking time add some bay leaves and the lemon juice. The cooked pheasant has to be served covered by a sliced truffle.

Fasan a la trifola

Butè ant un cassaròlin, butir, lard ciapulà con la pasëtta, odor e spessie ciapulà, la trifola a fette, sal e pèiver e cheuse per 1/4 d'ora, versé el Marsala e aossé la fiamà, fé compaté e buté el compost a sfreidé.
Con el compòst empinì el fasan già sfrolà; salé a l'intern, butelo ant un-a feuja d'aram (tortiera), con l'euli e g. 50 ëd butir, passandlo ant el forn caod per circa un'ora.

Variante

Fé a tòch el fasan, infarinelo e felo rosolé con caròta, siola, pasëtta ciapolà, con el butir. As bagna con el vin, o con el Marsala as fa cheuse quatà e a metà cotura, as gionto feuje ëd lauro e el sugo ëd mes limon.
El fasan, cheuit, va servì con scaiette sutile ëd trìfola.

Lepre alla piemontese

Preparazione: impegnativa

Ingredienti: 1 lepre, vino Barbera o Barbaresco, 1 cipolla, 50 g di lardo, 50 g di burro, sale, pepe

Grado di difficoltà: facile

È, in pratica, una variante più spiccia del precedente salmì. Si coprono con il vino i pezzi di lepre in una terrina, con una grossa cipolla affettata, lasciandoli marinare solo mezza giornata; si mette a prender colore in casseruola l'altra cipolla tritata con il lardo e il burro e, rosolata che sia, vi si adagiano i pezzi di lepre rosolando anche quelli e facendo loro prender colore, dopodiché si aggiunge il vino dell'infuso, senza la cipolla, e si porta a lenta cottura, salando e pepando.

Il vino consigliato

GATTINARA DOCG. Colore rosso granato con sfumature mattone; profumo vinoso, con sentori di viola e di fiori; sapore asciutto, equilibrato, corposo, austero.

Hare, Piemonte style

Marinate the hare in a tureen with the wine and a big sliced onion for half a day. Brown a half sliced onion in a casserole with "lardo" and butter, then add the pieces of hare and let them cook. Later add the wine of the marinate without the onion, and simmer the whole after adding salt and pepper.

Levr a la piemontèisa

As cheuvro con el vin i tòch ëd levr ant un-a torin-a, con 1 siola a fëtte, e as lassa mariné per ½ giornà.
L'aotra siola, ciaplulà as buta, con el lard e el butir, a pié color an cassaròla, e quand a l'é rosolà, as buto i tòch ëd levr, e quand a son rosolà as gionta el vin e as porta as cheus el tutt motobin adasi.

VINO

Pesci, Rane e Verdure

Carpa o tinca alla piemontese

Preparazione: impegnativa

Ingredienti: 1 carpa o tinca da 1 kg, farina, olio, 1 cipolla, salvia, aceto, sale, pepe

Grado di difficoltà: media

Desquamate la carpa, apritele l'addome e toglietene le viscere, praticatele un'incisione sul dorso, infarinatela e quindi friggetela in olio bollente nella padella. Collocatela in un piatto fondo, o in una terrina, e copritela con una "carpionata" così preparata: rosolare in olio la cipolla affettata fine (senza che prenda troppo colore) e alcune foglie di salvia, aggiungete l'aceto, lasciate bollire pochi minuti, poi versatela sul pesce, quindi salate e pepate. Lasciate marinare 5 o 6 ore, poi servite.

Nota - Questa ricetta, come ricordato nel titolo, si adatta anche alla tinca. Non si tratta comunque di "pesce in carpione", che richiede una maggior presenza di erbe aromatiche, di aceto con vino e un'infusione più lunga.

Il vino consigliato

ERBALUCE di CALUSO. Colore giallo paglierino scarico; profumo delicato, caratteristico; sapore asciutto, fresco, fruttato.

Carp or tench of Piemonte

Clean the fish, dip it into flour and then fry it in hot oil. Put it into a tureen and cover with a "carpionata" prepared as follows: brown in oil the sliced onion, with some bay leaves and vinegar; let it boil for a few minutes, then pour it on the fish with salt and pepper. Let it marinate for 5 or 6 hours, then serve it.

NB - This recipe is suitable for tench fish too.

Carpa (ò tenca) a la piemontèisa
"al brusch"

Desquamé la carpa (ò tinca) deurve la pansa e gavé le ventraje, fè un tajèt ans el doss, anfarinela e butela a friciolé ant l'euli bojent ant la pèila.
Gavela dal feu, butela ant un-a cassarola, quatela con un-a carpionà (siola, marlipò, asil), lassela mariné per 5 ò 6 ore, peuj servé.

Filetti di sogliola alla piemontese

Preparazione: impegnativa

Ingredienti: latte, 250 g di Fontina, 80 g di burro, 3 tuorli d'uovo, 4 sogliole, farina, Brandy, sale, paprica, tartufo

Grado di difficoltà: facile

Si fa una vellutata, mettendo a macerare nel latte la Fontina a dadini per 2 ore; dopodiché, fatto prendere colore al burro in un tegame, unitevi la Fontina e, a fuoco lento, mescolate continuamente con un cucchiaio di legno e versate poco del latte in cui è stata a mollo. Alla fine dovrà formare una crema densa che si versa in una terrina incorporandovi i tuorli, sempre rimestando piano, ottenendo così una vellutata fine. Friggete ora nel burro le sogliole diliscate e divise ognuna in due filetti infarinati, bagnate con il Brandy, spargetevi sale e un po' di paprica e, poste poi nel piatto, versatevi la salsa e sottili fettine di tartufo.

Il vino consigliato

PIEMONTE CHARDONNAY. Colore giallo paglierino chiaro, con sfumature verdognole; profumo leggero, caratteristico; sapore secco, vellutato, armonico.

Sole fillets, Piemonte style

Put the "Fontina" cheese, sliced in small pieces, for 2 hours into the milk so that it becomes a cream. Then, brown the butter in a pan, add the "Fontina" cheese, lower the flame, stir constantly with a wooden spoon and pour a little milk where the "Fontina" has been placed. At the end it will become a thick cream, that has to be poured in a tureen with the eggyolks, then stirred with care achieving a "vellutata". Fry the sole fillets dipped in flour, moisten with Brandy, add salt and paprika. Place the cooked fillets on a dish and pour the sauce on with some little truffle slices.

Filèt ëd seujola a la piemontèisa

Fé un-a vlutà, butand a meuje ant el lait la fontin-a a quadretin per 2 h., fé pié color al butir ant un-a pèila, gionteje la fontin-a e mes-cie continuament con el cuciar ëd bòsch.

A la fin as formerà un-a crema denssa che as buta ant un fojot con i ross ëd j'euv, sempre mes-ciand finché as oten un-a vlutà fin-a. Frise ant el butir le seujole, senssa lische e divise a 2 filèt anfarinà, bagne con ël brandy, spatare sal e papuca, e, butà ant el piat, versé la saossa con fëtte sutile ëd trifola.

Rane ripiene

Preparazione: impegnativa

Ingredienti: rane, aceto, 2 uova, 1 salamino o 100 g di salsiccia, pangrattato, prezzemolo, 1 spicchio d'aglio, sale, pepe, farina, burro, olio

Grado di difficoltà: media

Pulendo le rane e togliendo loro le interiora, è importante non rompere troppo la sacca addominale, la quale andrà riempita con la seguente farcia, dopo che le rane saranno rimaste a bagno tutta notte in acqua fredda con aggiunta di aceto. Sbattete dunque le uova in una terrina, incorporandovi il salame o la salsiccia sbriciolati, un po' di pangrattato, il prezzemolo (un pugnello) e l'aglio tritati, sale e pepe. Impastate bene e farcite, come si è detto, gli addomi delle rane e passatele due volte nella farina, quindi friggetele in burro e olio in parti uguali.

Il vino consigliato

GRIGNOLINO del MONFERRATO CASALESE. Colore rosso rubino; profumo tenue, caratteristico; sapore secco, leggermente tannico, con retrogusto amarognolo.

Stuffed frogs

Clean the frogs, get off the entrails and put the frogs into cold water with vinegar for the whole night. Beat the eggs in a tureen adding the crumbled sausage or salami, a little bit of breadcrumbs, the mince parsley and garlic, salt and pepper. Knead with care and stuff the frogs abdomens, dip them twice into flour, then fry in butter and oil.

Ran-e pien-e

Quand as polido le ran-e gavandie le buele, a l'è important non rompe la saca adòminal che a dovrà esse ampinìa, (dòp che le ran-e a saran restà a bagn tuta la neuit con acqua freida e asil) con un-a "farcia" formà da j'euv sbatù ant un-a pignatin-a, el salam e la saosissa sfrisà, un pòch ëd pan gratà, un pëssion ëd panansëmmo, 1 fisca d'aj ciapulà, sal e pèiver
Ampaste da bin, e empini la panssa dle ran-e, passeje due vòlte ant la farin-a, e peuj friciolеje ant el butir e l'euli.

Rane fritte marinate

Preparazione: impegnativa

Ingredienti: rane, aceto bianco, cipolla, sedano, chiodi di garofano, prezzemolo, farina, olio

Grado di difficoltà: facile

È una variante della precedente ricetta. Le rane, pronte, si mettono a bagno in acqua e un bicchiere di aceto bianco, con cipolla e sedano affettati, 2 o 3 chiodi di garofano, prezzemolo. Dopo 2-3 ore di macerazione, si tolgono, si asciugano, si passano nella farina e nell'olio bollente, quindi si mettono in padella, badando che risultino dorate, ma non secche.

Il vino consigliato

COSTE della SESIA BIANCO. Colore giallo paglierino più o meno intenso; profumo caratteristico, fine, intenso; sapore asciutto, armonioso, caratteristico.

Marinated fried frogs

Clean the frogs and put them into the water with a glass of white vinegar, a sliced onion and celery, 2 or 3 cloves, parsley. Marinate them for 2 or 3 hours, then get them off, dry them, dip into flour and in hot oil. Fry them in the pan, taking care they don't become too dry.

Ran-e fuciolà an carpion

Le ran-e scortià, decapità e senssa l'ultima part dij piotin, as buto a meuj an acqua frèida per 8 ore apeuprè, cambiand l'acqua 2 ò 3 vòlte.
A la fin stisseje e passeje ant la farin-a bianca e buteje ant la pèila con motobin ed butir, e fé friciolé fin-a a quandi saran dorà. Serve caod con butir e limon.

Asparagi alla piemontese

Preparazione: rapida

Ingredienti: 800 g di asparagi, sale, 4 uova, 100 g di burro, grana, pepe

Grado di difficoltà: facile

Pulite gli asparagi raschiando leggermente la parte più legnosa e più sporca del gambo, la cui parte terminale, se sono troppo grossi, va eliminata. Lavate velocemente la parte superiore tenera e le punte. Riuniteli e legateli insieme a mazzo (o mazzi) e lessateli in acqua bollente salata, mantenendoli ritti entro un tegame alto. Cuociono in circa 30 minuti, quindi si scolano, si dispongono nei piatti, versandovi sopra un uovo fritto al tegame con il suo burro, molto grana, pepe.

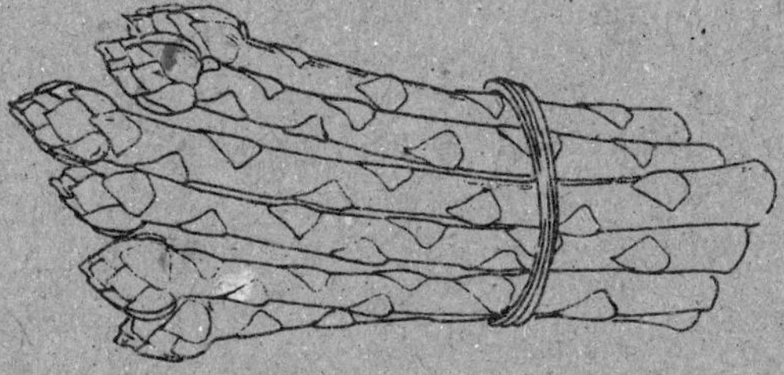

Il vino consigliato

PINEROLESE RAMIE. Colore rosso più o meno intenso; profumo caratteristico, fresco, delicato; sapore asciutto, armonioso.

Asparagus, Piemonte style

Clean the asparagus cutting away the hardest part. Wash the asparagus and their tops. Tie them in a bunch and boil in salted hot water. Cook for half an hour, then dry them and place into the dishes, pour on a fried egg with its butter, a lot of Parmesan cheese and pepper.

Sparz a la piemonteisa

Polidé je sparz ras-ciand la part pì legnosa dla gamba, che se a l'é tròp gròssa, va eliminà.
Lavé la part che a l'é dzora, cotia, e le ponte
Gropeje ansema a mass e fé beuje an acqua caoda e salà, butandie drit ant un-a pignata aota
A cheuso en 30 minute apeuprè, peuj së scolo, as buto ant i tond, vërsandie ansèma, un euv fricassà con el sò butir, motobin ëd gran-a e pèiver.

Asparagi al grana

Preparazione: rapida

Ingredienti: 800 g di asparagi, 70 g di grana, 50 g di farina, 2 uova, pangrattato, olio

Grado di difficoltà: facile

Pulite gli asparagi, asciugateli, passateli nel grana grattugiato mischiato con la farina (devono essere ricoperti), da qui nelle uova sbattute e poi nel pangrattato e, infine, friggeteli in abbondante olio caldo.

Il vino consigliato

LANGHE NEBBIOLO. Colore rosso rubino; profumo tenue, caratteristico, delicato; sapore secco, amabile, di buon corpo, vellutato.

Asparagus with Parmesan cheese

Clean and wash the asparagus, dip them into the flour and Parmesan cheese, then dip into beaten eggs and into the breadcrumbs. Fry them in plenty hot oil.

Sparz al gran-a

Polidé je sparz, suveje, passeje ant el gran-a gratà mës-cià con la farin-a (a deuvo esse completament quatà) peuj ant j'euv sbatù e peuj ant el pangratà, e a la fin, feje frise ant l'euli caod e bondos.

Melanzane ripiene con i funghi

Preparazione: rapida

Ingredienti: 8 melanzane, sale, 60 g di burro, 1 cipolla, 100 g di funghi, prezzemolo, sale, farina, panna, noce moscata, 2 amaretti, 80 g di mascarpone, 3 uova, besciamella

Grado di difficoltà: facile

Togliete il gambo e la buccia alle melanzane, scottatele in acqua bollente, svuotatele mantenendole intere, poi riponetele in una teglia imburrata cospargendole di sale e lasciatele riposare. Rosolate ora nel burro la cipolla tritata, tagliate a pezzetti i funghi e uniteli con prezzemolo tritato, poco sale, un cucchiaio di farina e la panna, mescolate e lasciate bollire piano per 5 minuti; aggiungete un pizzico di noce moscata, gli amaretti sbriciolati e il mascarpone. Quando il composto è freddo, incorporatevi due tuorli e un uovo intero, amalgamate e riempite le melanzane rimettendole nella teglia, versatevi sopra un po' del sugo di cottura avanzato, qualche fiocchettino di burro e passate in forno finché avranno preso colore. Preparata nel frattempo la besciamella, versatela molto calda sulle melanzane al momento di servirle.

Il vino consigliato

PINEROLESE FREISA. Colore rosso rubino più o meno carico; profumo vinoso, caratteristico, intenso; sapore fresco, vivace.

Mushrooms stuffed aubergines

Clean the aubergines, scald in hot water, empty without cutting them in halves, place the aubergine into a buttered pyrex dish with salt and pepper. Brown the minced onion in the butter, cut the mushrooms into small pieces, add these ones with minced parsley, a pinch of salt, a spoon of flour and the cream, stir and let boil for 5 minutes. Add a pinch of nutmeg, the crumbled biscuits ("amaretti") and the "mascarpone" cheese. When the mix is cold add 2 eggyolks, stir and stuff the aubergines putting them again into a pyrex dish. Pour the cooking sauce, some small pieces of butter and put the pyrex into the oven till they are cooked. Prepare in the meantime the "besciamella" (white sauce) and pour it on the aubergines just before serving.

Marzan.e pien.e ëd bolé

Gavé la gamba e la pleuja a le marzan.e, buséle an acqua bujenta, sveuidele conservandje antreghe, peuj butéje ant un fojòt ambuturà, spantié sal e pèiver e lassé arposé.
Rosolé ant el butir la siola ciapula, tajé a tòchet i bolé, e gionté el pan ansemma ciapulà, pòca sal, i cuciar ëd farin.a e la fiòca; mes.cié e lassé beuje adasi per 5 minute, gionté un pëssion ëd nos moscà, j'amarèt sfrisé e el mascarpon.
Quand el compost a l'é freid, ancorporé, 2 ross d'euv e un euv antregh, amalgamé e ampinì le marzan.e, butéje ant el fojòt vërsé ansema un pòch dël sugo ëd cotura vanssà, quàich fiochetin ëd butir e passé an forn fin a tant che a l'avran pià color.
Preparé antratant el bessamel, vërselo motobin caod ans le marzan.e al moment ëd serve.

I peperoni

Nella cucina piemontese si consumano molti peperoni e si preparano in vari modi, grazie alle pregiate produzioni di Carmagnola, ai peperoni "quadri" d'Asti (belli carnosi) ecc. Vediamo qualche ricetta.

Peppers

The cooking of Piemonte uses peppers a lot, prepared in several ways. Here follow some recipes.

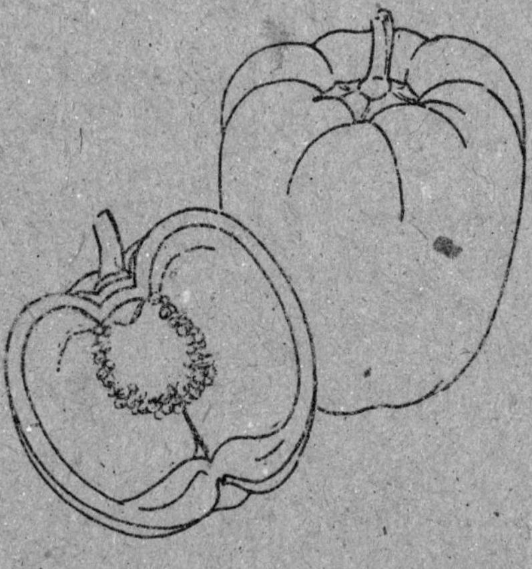

Peperoni al forno

Preparazione: rapida

Ingredienti: 4 peperoni gialli, 4 acciughe, 1 pomodoro, pangrattato, sale, pepe, olio

Grado di difficoltà: facile

Pulite e tagliate in quattro parti i peperoni dolci, mettete nel loro incavo alcuni filetti di acciuga a pezzetti, filetti di pomodoro e un pizzico di pangrattato, sale e pepe. Disponeteli in un tegame o in una teglia unta di olio, dopo avere irrorato anche i peperoni di olio. Passate in forno caldo per circa 15 minuti.

Il vino consigliato

LANGHE CHARDONNAY. Colore giallo paglierino chiaro; profumo leggero, caratteristico; sapore secco, vellutato, morbido, armonico.

Oven-baked peppers

Clean and cut the peppers into four parts, put inside some anchovy fillets, pieces of tomato and a pinch of breadcrumbs, salt and pepper. Put them into an oiled pan or pyrex dish, moisten the peppers with oil. Put into the oven for 15 minutes.

Povron al forn

Polidé e taje an 4 part i povron doss, butand andrinta quàich filèt d'anciova a tochèt, filèt ed tomatica e un pëssion ëd pan pist, sal e pèiver. Buteje ant un fojòt òit d'euli, peuj dòp avei bagnà ëdcò i povron d'euli.
Passé an forn caod per 1/4 d'ora apeuprè.

Peperoni ripieni gratinati

Preparazione: rapida

Ingredienti: 4 peperoni dolci, olio d'oliva, 4 acciughe, pangrattato, olive verdi, capperi, sale

Grado di difficoltà: facile

Pulite i peperoni e tagliateli in quattro spicchi, quindi, unta con olio una teglia, disponeteli a strati: uno di peperoni, sopra a essi qualche oliva, qualche filetto di acciuga dissalata, qualche cappero sott'aceto e un po' d'olio, poi ancora peperoni e così via: l'ultimo strato dovrà essere di peperoni e si dovrà cospargere di pangrattato e sale. Passate in forno caldo la teglia per circa 20 minuti.

Il vino consigliato

COLLINE NOVARESI BIANCO. Colore giallo paglierino più o meno intenso; profumo fragrante, delicato; sapore leggermente amarognolo, talvolta vivace.

Stuffed peppers au gratin

Clean the peppers and cut them into four parts; then put them in layers into an oiled pyrex dish. A layer of peppers with some olives on, some fillets of anchovy, some capers, a little oil, then some peppers again and so on. The last layer has to be of peppers with breadcrumbs and salt. Put the pyrex into the oven for 20 minutes.

Povron ripien gratinà

Polidé i povron e tajeje an 4 fische, peuj butéje a strat ant un fojòt oit d'euli: -
un ëd povron, quàich oliva, quaich filet d'anciova dissalà, quàich capero picant e un pòch d'euli, peuj ancora povron e così via.
L'ultim strat dovrà esse ëd povron e as dovrà quatelo ëd pan gratà e sal.
Passé el fojòt an forn caod per 20 minute.

Peperoni ripieni con riso

Preparazione: rapida

Ingredienti: 2 peperoni, 200 g di riso, olio d'oliva, 2 acciughe, sale, aglio, prezzemolo

Grado di difficoltà: facile

Tagliate a metà i peperoni, lavateli, eliminate i semi. Mentre si fa cuocere il riso in acqua salata, rosolate in un tegame l'aglio nell'olio caldo, aggiungete le acciughe dissalate e sfilettate, poi unitevi del prezzemolo tritato e lasciate insaporire 2 o 3 minuti mescolando, spegnete ed eliminate l'aglio. Versate ora questa salsetta sul riso, mescolate bene e riempite quindi i peperoni, mettendoli in una teglia imburrata, passando in forno caldo per 45 minuti circa.

Il vino consigliato

CORTESE di GAVI. Colore giallo paglierino scarico; profumo delicatamente vinoso, con accenno di fruttato; sapore asciutto, fresco, amarognolo, sapido.

Peppers stuffed with rice

Cut the peppers into halves, wash them and get off the seeds. While cooking the rice in salted water, brown the garlic in a pan with hot oil, add the anchovies, then a pinch of minced parsley and let season for 2 or 3 minutes. Stir, switch off the flame and take away the garlic. Pour this sauce on the rice, stir and stuff the peppers. Place them into a buttered pyrex dish and put it in the oven for 45 minutes.

Povron ripien con ris

Tajé a metà i povron, laveje, gavé la smens.
Antant che as fà cheuse el ris an acqua salà, rosolé ant un fojòt l'aj ant l'euli caod, gionteje le anciove dissalà e sfiletà, peuj gionté un-a pugnatà ëd panansëmmo ciapulà e lassé anssavorì per 2 o 3 minute, mes-ciand.
Smorté e gavé l'aj.
Vërsé costa saossa ans ël ris, cheuit „al dente„ e salà.
Mes-cié bin e empinì i povron, butandie ant un fojòt con butir e euli, passand an forn caod per 45 minute apeuprè.

Variante

Empinì i povron con bolé e ris.

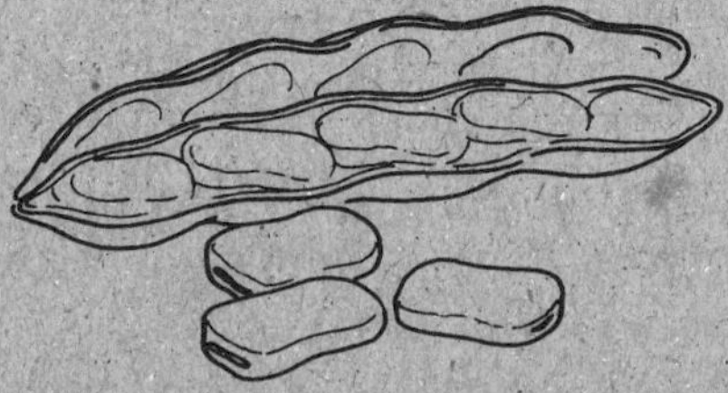

Peperoni ripieni con funghi e riso

Preparazione: rapida

Ingredienti: 4 peperoni, 200 g di riso, 100 g di funghi, burro, olio d'oliva, 1 cipolla, 100 g di salsiccia, prezzemolo, basilico, timo, brodo, grana

Grado di difficoltà: facile

Pulite e tagliate i funghi a fettine e fateli cuocere con poco olio, sale e pepe per 10 minuti. Rosolate la cipolla tritata in un altro tegame, nell'olio e, quando ha preso un po' di colore, unitevi la salsiccia sbriciolata: lasciate insaporire, metteteci il riso, un po' di brodo e poco sale e cuocete per un quarto d'ora. Lasciate raffreddare un po' il risotto e versatelo in una terrina, insieme ai funghi, a molto grana grattugiato, al timo, al prezzemolo e al basilico tritati. Mescolate, aggiustate di sale e pepe e riempite i peperoni, nel frattempo fatti bollire per 5 minuti. Collocate i peperoni in una teglia imburrata o oliata, mettete sopra ognuno fiocchetti di burro e passate per mezz'ora circa in forno moderato.

Il vino consigliato

DOLCETTO di DIANO D'ALBA. Colore rosso rubino; profumo vinoso, fruttato, caratteristico; sapore asciutto, di buon corpo, moderatamente acido.

Peppers stuffed with rice and mushrooms

Clean and slice the mushrooms, cook them with a little oil, salt and pepper for 10 minutes. Brown the minced onion with oil in another pan and then add the crumbled sausage; let season, add the rice, a little broth and a pinch of salt; cook for 15 minutes. Let the rice chill and pour it in a tureen, with mushrooms, a lot of grated Parmesan cheese, minced thyme, parsley and basil. Stir the ingredients, add salt and pepper and stuff the peppers boiled in the meantime (only 5 minutes). Place the peppers in an oiled pyrex dish, put on some pieces of butter and cook in the oven for half an hour.

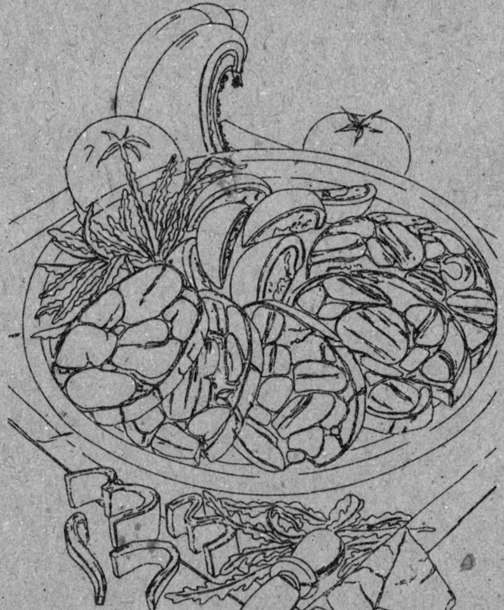

Tartufi alla piemontese

Preparazione: rapida

Ingredienti: 100 g di tartufi bianchi, burro, grana, sale, pepe, olio, spicchi di limone

Grado di difficoltà: facile

Dopo aver pulito i tartufi, tagliateli a fettine sottili e metteteli in una teglia o tortiera unta con poco burro, disponendoli a strati alternati: tartufi, sopra scagliette di grana, sale e pepe, olio e così via. Passate la teglia in forno caldo per 10 minuti e poi servite i tartufi contornati da spicchi di limone.

Il vino consigliato

COLLINE SALUZZESI ROSSO. Colore rosso rubino; profumo vinoso, fruttato, intenso, caratteristico; sapore fresco, secco, intenso.

Truffles, Piemonte style

Clean, slice and put into an oiled pyrex the truffles, arranged in alternate layers: first the truffles; then flakes of parmesan cheese, salt, pepper, oil and so on. Put the pyrex into the oven for 10 minutes and then serve the truffles with lemon crescents.

Trifole a la piemonteisa

Dòp avèj polidà le trifole, tajeje a fëtte sutile, buteje ant un fojòt òit con pòch butir, dëspondie a strat alternà:
trifole, scaje ëd gran-a, sal e pèiver, euli, ecc.
Passé el fojòt an forn caod per 10 minute e serve le trifole contornà da fische ëd limon.

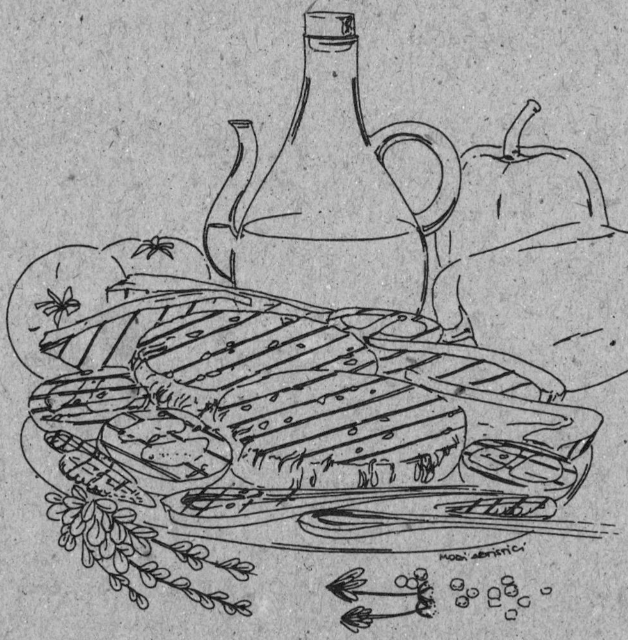

Tartufi nell'insalata albese

Preparazione: rapida

Ingredienti: 150 g di cuori di sedano, grana, 100 g di Toma, 50 g di tartufo bianco, olio, aceto aromatico (o balsamico), sale, pepe

Grado di difficoltà: facile

Tagliate a listarelle i sedani e disponeteli nelle scodelline da insalata coprendoli con scaglie di formaggio grana, pezzetti di Toma e scagliette di tartufo. Emulsionate a parte l'olio con 1 cucchiaio di aceto aromatico (o balsamico), sale e pepe. Con questa salsina irrorare l'insalata.

Il vino consigliato

PINEROLESE ROSATO. Colore rosato, con riflessi rubini; profumo delicato, gradevole, vinoso; sapore asciutto, armonico.

Truffles in "Albese" salad

Cut the celery for lengthways, place them into salad bowls and cover with flakes of Parmesan cheese, Toma cheese and truffle flakes. Beat apart the oil with a spoon of aromatic vinegar, salt and pepper; with this sauce dress the salad.

Trifole ant la salada albèisa

Tajé a cite liste i seller e buteje ant le scudlëtte da salada e quaté con scaje ëd formagg gran.a tochetin ëd toma e scajëtte ëd trifola.
Emulsioné a part l'euli con i cuciarin d'asil aròmatic ò balsàmich, sal e p'iver e con cost bagnèt, irorè la salada.

Torte e Dolciumi

Crumiri di Casale

Preparazione: impegnativa

Ingredienti: 250 g di farina bianca, 250 g di farina gialla, 170 g di zucchero, 1 bustina di vaniglia, 1 scorza di limone, 300 g di burro, 4 uova

Grado di difficoltà: media

Mescolate le due farine in una terrina, aggiungendovi lo zucchero e una bustina di vaniglia. Unitevi quindi il burro fatto ammorbidire (ma non sciolto) e poi le uova intere, mescolando prima e poi lavorando in modo da ottenere una palla di pasta compatta e consistente, che si metterà a riposare per 30 minuti circa coperta con un tessuto pulito. Al termine, introducete la pasta, poco per volta, in una tasca da pasticciere e spremetene dei biscotti lunghi una decina di cm e un po' stretti, su una teglia leggermente imburrata e infarinata, per poi piegarli ad arco un po' aperto. Passate la teglia in forno caldo, fin quando i crumiri saranno dorati.

Nota - Se non si possiede la tasca o la siringa, cercare di ritagliare con un coltellino i biscotti, deponendoli sulla teglia e arcuandoli. Fra l'altro, i crumiri dovrebbero essere rigati in superficie, se si vuole rispettare la tradizione. Si può cercare di ovviare passandovi una rotellina dentata o la lama di un coltellino.

Il vino consigliato

MALVASIA di CASORZO d'ASTI. Colore rosso rubino medio; profumo gradevole, aromatico, particolare; sapore dolce, morbido, vellutato.

"Crumiri" biscuits of Casale

Stir the white flour and the corn meal in a tureen, add the sugar and a sachet of vanilla. Then add the softened butter and the eggs. First stir the ingredients and then knead to obtain a ball of compact pastry. Let it rest for 30 minutes covered with a clean cloth. At the end put the pastry into confectionery pocket (*sac-à-poche*) and squeeze narrow biscuits 10 cm long on a butter pyrex. Put them into the hot oven for the needed time.

NB - If you don't have the pocket try to cut the biscuits with a knife. Traditionally the "crumiri" biscuits would be striped in surface.

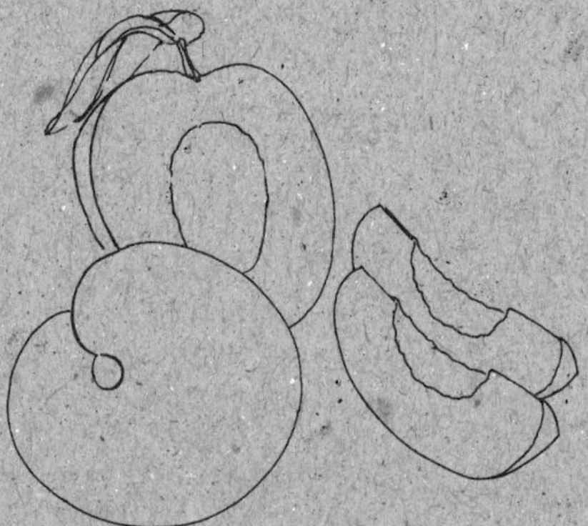

Bruseur ëd Casal

Mes-cié le doe farin-e ant un fojot, gionté ël sùcher e la vanilia.
Unì el butir anmorbidì, ma nen slinguà, j'euv antregh, mes-ciand e peuj travajà an manera ëd oten-e un-a bala ëd pasta consistenta, che as butrà a riposé për 30 minute, quatà con un tëssù polid.
A la fin, buté la pasta ant una sacòcia da pastissé e sprëmme formand biscotin longh un-a desen-a ëd cm. e un pòch strèit.
Buteje ant un fojòt legerment anfarinà e ambutirà e peuj pieghèje a arch un pòch duvert e passé el fojòt ant el forn caod, fin-a a quand i "crumiri" saran dorà.
Ij "crumiri" dovrio esse rigà (second la tradission) passundye una roa dentà.

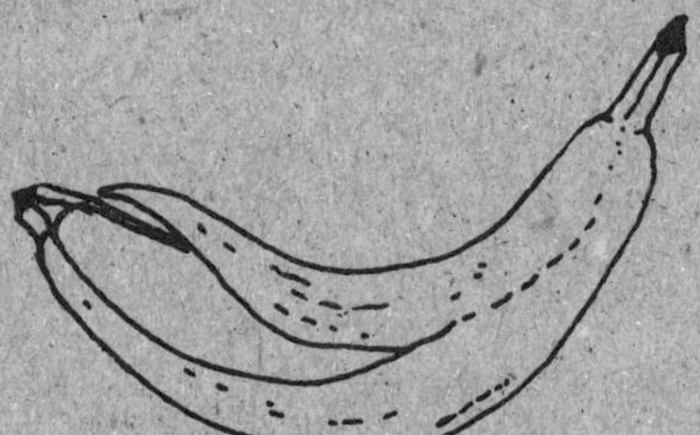

Dolce della "provincia granda"

Preparazione: rapida

Ingredienti: 100 g di mandorle, 400 g di ricotta, 100 g di zucchero, liquore Kirsch o Rum, 150 g di cioccolato amaro, 2 tuorli d'uovo, biscotti savoiardi

Grado di difficoltà: facile

È una specialità del Cuneese. Per prima cosa, tritate grossolanamente le mandorle, dopo averle sbollentate in acqua bollente, pelate e tostate in forno. Ora mettete la ricotta in una terrina cominciando a sbatterla con una forchetta di legno, unitevi a poco a poco lo zucchero, le mandorle e un bicchierino di liquore, mescolando e lavorando per amalgamare bene gli ingredienti e ottenere un composto che va diviso in due parti: a una va unito il cioccolato grattugiato, all'altra i soli tuorli d'uovo prima un po' sbattuti. Amalgamate ognuna delle due porzioni. Prendete uno stampo per budini e inumiditene fondo e pareti con un po' di liquore e versate sul fondo due cucchiaiate del composto di uova e sopra uno strato di biscotti savoiardi inzuppati nel liquore, poi uno strato del composto al cioccolato, ancora biscotti e così via. Passate lo stampo in frigorifero per qualche ora prima di servirlo.

Il vino consigliato

ERBALUCE di CALUSO PASSITO. Colore giallo oro carico, ambrato; profumo di uva passita; sapore dolce, alcolico, moderatamente acido, vellutato, morbido.

"Provincia granda" cake

It is a speciality of Cuneo. Quickly boil the almonds in hot water, peel, toast in the oven and mince them. Beat the "ricotta" cheese in a tureen with a wooden fork, add sugar, almonds and a small glass of liquor. Stir with care amalgamating the ingredients to obtain a mixture that has to be divided into two parts: add the grated chocolate to the first and the beaten yolks to the second. Amalgamate both parts. In a tin for pudding, damp the bottom and the walls with a little liqueur, pour two spoons of the mix with the eggs, then a layer of "savoiardi" biscuits soaked in the liqueur, then a layer of the mix with chocolate, more soaked biscuits and so on. Put the tin into the fridge for some hours before serving it.

Doss ëd la Provinsa granda

Ciapolé le mandole, dòp aveje sbolentà an acqua bojenta, splà e tostà ant el forn.
Buté el seirass ant un fojòt, sbate con un-a forciolin-a ëd bosch, gionteje el sùcher, le mandole, e un bicerin ëd licor, mes-ciand për amalgamé bin j'ingredient e oten-e un compòst che a va spartì an doe part:
a un-a as gionta la cicolata gratà, a l'aotra i ross d'euv già sbatù.
Pié un stamp për bonèt, umidilo con un pòch ëd licor e vërsé ans el fond 2 cuciarà del compòst a j'euv, ansema un strat ëd bëscotin savojard bagnà ant el licor, peuj un strat del compòst a la cicolata, peuj torna bëscotin e così via.
Passé le stamp ant el frigo për un pò prima ëd serve.

Torta di nocciole e mandorle

Preparazione: rapida

Ingredienti: 125 g di nocciole, 125 g di mandorle, 250 g di zucchero, 6 uova, limone, sale, farina

Grado di difficoltà: facile

Tostate, sbucciate e poi tritate finissime nocciole e mandorle, mischiando poi il pesto con lo zucchero in una terrina, ottenendone una pasta fine. Unite i 4 tuorli e poca buccia di limone grattugiata (solo la parte gialla), sbattete bene e unite alla fine i 6 albumi montati a neve (con un pizzico di sale) a parte, aggiungendoli delicatamente poco per volta. Mescolate il tutto, finché ne risulti un impasto liscio e omogeneo. Versatelo quindi in una tortiera già imburrata e leggermente infarinata e passate in forno a calore moderato, per circa 30 minuti.

Il vino consigliato

MOSCATO d'ASTI. Colore giallo paglierino piuttosto carico; profumo intenso, gradevole, con sentori di uva moscato; sapore dolce, morbido, sapido, elegante.

Cake with hazelnuts and almonds

Toast, peel and mince the hazelnuts and the almonds, mixing all with sugar in a tureen. Add 4 yolks and a little lemon grated rind, beat with care and at the end add 6 whisked eggwhites (with a pinch of salt). Stir the whole to obtain a homogeneous mix. Pour it into a buttered cake tin dipped with flour. Put into the oven for 30 minutes.

Torta ëd ninsòle e mandole

Tosté, splé e ciapulé fin-e fin-e ninsòle e mandole, mes-ciand el tutt con el sucher ant un fojòt. Gionté i 4 ross e pòca pleuja ëd limon gratà (la part giaona)
Sbate bin e a la fin i 6 bianc montà a fiòca (con un pëssion ëd sal) giontandie delicatament pòch per vòlta.
Vërsé tutt ant un-a tortera già burà e anfarinà e passé an forn a calor moderà, per apeuprè 30 minute.

Torta di nocciole e cioccolato

Preparazione: impegnativa

Ingredienti: 120 g di nocciole, 200 g di zucchero, 100 g di burro, 5 uova, 125 g di cioccolato amaro, sale, limone, farina, marmellata

Grado di difficoltà: facile

Sgusciate e tostate le nocciole per spellarle, quindi pestatele o tritatele fini insieme a metà dello zucchero, aggiunto a poco a poco. In una terrina mettere 100 g di burro e sbattetelo fino a renderlo cremoso, poi aggiungete poco per volta l'altra metà dello zucchero, i soli tuorli delle uova e, sempre sbattendo, le nocciole zuccherate, a cucchiaiate intervallate. Mentre si sta sciogliendo il cioccolato a fiamma lenta, montate a neve gli albumi con un pizzico di sale. Sciolto il cioccolato, mescolatelo bene alla crema in una terrina, poi unite piano le chiare montate e dopo la scorza grattugiata del limone. Mescolate bene e versate il composto in una tortiera unta con il rimanente burro e leggermente infarinata; passate in forno a calore moderato all'incirca per 45 minuti, finché avrà preso in superficie un bel colore dorato. Togliete allora la tortiera dal forno, lasciate un po' raffreddare, sfornate la torta e tagliatela a metà, con un coltello a lama lunga, orizzontalmente. Spalmate le due parti, all'interno, con della marmellata e, infine, ricomponete le due parti e servite.

Il vino consigliato

BRACHETTO d'ACQUI. Colore rosso rubino chiaro; profumo delicatamente aromatico, con sentori di muschio; sapore dolce, morbido, frizzante, sapido.

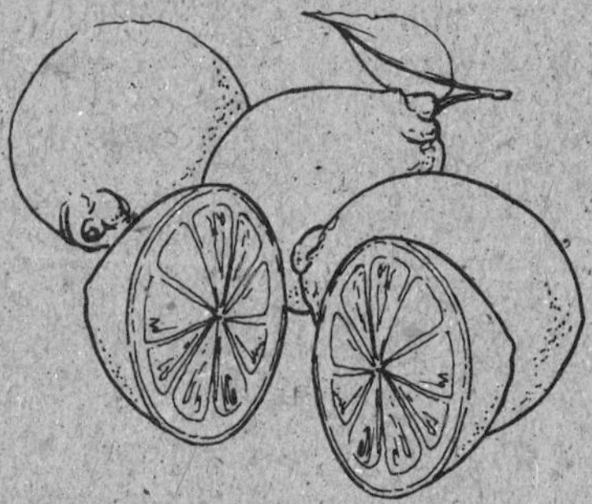

Cake with hazelnuts and chocolate

Peel and toast the hazelnuts, then mince them with half of the required quantity of sugar. Put into a tureen 100 g of butter and beat it to get a cream, then add the other half quantity of sugar, the yolks and the sweetened hazelnuts. Melt the chocolate on a low flame and whisk the eggswhites with a pinch of salt. Stir with care the melted chocolate with the cream of hazelnuts in a tureen, then add the eggwhites and at last a lemon grated rind. Stir again and put the mix into a buttered tin cake. Put the tin into the oven for 45 minutes. Take out the cake from the oven and let it chill. Take out the cake from the tin, cut it into two parts in horizontal sense. Spread the jam on the two sides and recompose the cake.

Torta ëd ninsòle e cicolata

Dësgrojé e tosté le ninsòle per spleje, peuj pisteje ò ciapuleje fin e ansema a metà del sùcher, gionta pòch a pòch.
Ant un fojòt buté g. 100 ëd butir e sbate fina a felo divente cremos, peuj gionteje pòch per vòlta l'autra metà del sùcher, i ross ëd j'euv e sempre sbatend, le ninsòle ansucrà.
Antant che la cicolata a se slingua a fiama bassa, monté a fiòca i bianch d'euv con un pëssion ëd sal.
Slinguà la cicolata, mes-cela bin a la crema ant un fojòt, peuj gionté pian el bianc montà e dòp la scòrsa gratà del limon.
Mes-cié bin e vërsé el compòst ant un-a tortera òita con el butir vanssà e legerment anfarinà, passé an forn a calor moderà per 45 minute apeuprè, fin che a l'avrà pià un bel color dorà.
Gavé la tortera dal forn, lassé sfreidé un pòch, dësforné la torta, tajela a metà con un cotel a lama longa, orizontalment.
Spantié le doe part, an drinta, con dla marmlada, arcompon-e e serve.

Torta Torino

Preparazione: rapida

Ingredienti: 6-7 noci, 60 g di mandorle, uova, zucchero, latte, olio o burro, sale, farina, lievito vanigliato

Grado di difficoltà: facile

Sgusciate le noci e immergete i gherigli in acqua bollente per spellarle, fate altrettanto con le mandorle, quindi tritatele entrambe finemente. Sgusciate le uova in una terrina e sbattetele bene con lo zucchero, poi aggiungete il latte, l'olio (o il burro ammorbidito e a pezzetti), il sale e, lentamente perché non si formino grumi, la farina, sempre mescolando; continuate a lavorare l'impasto per una decina di minuti. Unite mandorle e noci tritate, mescolate e, infine, incorporate il lievito vanigliato, amalgamandolo bene. Versate subito il composto nella tortiera imburrata e leggermente infarinata e passatela nel forno appena acceso. Cuocete a temperatura moderata per circa 40 minuti.

Il vino consigliato

COLLINE SALUZZESI QUAGLIANO SPUMANTE. Colore rosso tendente al violaceo; profumo delicatamente vinoso; sapore gradevole, dolce, molto fruttato.

Torino cake

Peel the walnuts and the almonds with hot water and mince carefully. Beat the eggs in a tureen with sugar, add milk, oil (or softened butter), salt and the flour; stir with care for 10 minutes. Add minced almonds and walnuts, stir again and add the baking powder, amalgamating with care. Pour the mix into a buttered and floured cake tin and put into the oven for 40 minutes.

Torta Turin

Dësgrojé le nos e mojé i gheru an acqua bojenta per spleje e fé l'istess con le mandole; peuj ciapuleje sutile. Dësgrojé j'euv ant un-a terin-a e sbate bin con el sucher, peuj gionteje el lait, l'euli (ò el butir a tochet) la sal, lentament la farin-a, e sempre mes-ciand continué a travajé l'impast per un-a desen-a ëd minute. Gionté le mandole e le nos ciapulà, mes-cié e a la fin, incorporé l'alvà vanilià.
Vërsé subit el compòst ant la tortera amburatà e anfarinà e passela ant el forn.
Cheuse a temperatura moderà per 40 minute apeuprè.

Cose piemontesi

La ca va semper mal, quand la fumma a porta le braje e l'om 'l scussal.

(La casa va sempre male, se la donna porta i calzoni e l'uomo il grembiule)

Carlo Quint imperadùr, quand a l'avia disnà chiel, a lassava disné i so servidùr.

(Carlo Quinto imperatore, dopo aver pranzato, lasciava mangiare i suoi servitori)

Vigti là col fimarò? Là l'é ca meja; st'vori andé mangè, va a l'ostareja!

(Vedi là quel comignolo che fuma? Là è casa mia. Se vuoi mangiare, va all'osteria!)

Pansa veuia la rasona nen; pansa piena gioja mena.

(Pancia vuota non ragiona; pancia piena porta gioia)

Ciucia Martin, c'a l'è breu d'autine.

(Martino puoi succhiare, è brodo del filare)

Basta 'n bicer 'd vin, për fesse n'amis!

(Basta un bicchiere di vino per farsi un amico)

Bseugna adatase a le circustanse e mangié 'd pan
se a-i-é nen d'pitanse.

(Bisogna adattarsi alle circostanze e mangiar pane
se mancano pietanze)

Lo c'a s'porta a taula, a l'ë per mangè.

(Quello che si porta a tavola è per mangiare)

La salada a l'è pa buna ni bela, sensa la ruga e la pimpinela.

(L'insalata non è buona né bella, senza la rucola e la pimpinetta)

I dent a sunt pi vsin che i parent.

(I denti sono più vicini dei parenti)

A

AGLIÉ: nome di un vino rosso di uva Nebbiolo.
AGNOLÒT-AGNUOLÒT-AGNURÒT: piatto tradizionale della cucina piemontese.
ALBÈISA (Albese): oltre che denominazione di una bottiglia di vino delle Langhe, è anche attribuito a molte pietanze della zona di Alba.
AMEL: miele. Veniva spesso impiegato come dolcificante. È necessario nella preparazione dell'idromele e del torrone.
AMNESTRON: tipico minestrone dell'alessandrino, preparato con tagliatelle e legumi vari.
ANCIOADA: sorta di pietanza a base di acciughe.
ANGUILLA: questo pesce viene preparato soprattutto in agrodolce e all'aceto.
A'NIA: anatra domestica o selvatica.
ANISINI: biscotti aromatizzati, specialità di Chivasso.
ARIÀ: così sono chiamati, nel cuneese, pregiati funghi ovoli.
ARTICIÒCH-ARTICIÒCC: asparagi. Coltivati un po' in tutto il Piemonte.

B

BAGNA: sughi, "bagne" o anche "bagnet". Si possono considerare dei pilastri della cucina piemontese e vengono preparati sia da cuochi abilissimi sia nell'ambito domestico.
BAGNA CAÔDA: intingolo classico della cucina piemontese.
BARCULÉ: salumi insaccati in modo speciale nelle Langhe.
BARGULLE: castagne lessate a lungo e accomodate nel latte o nel vino.
BATIAIE: confetti da battesimo e da nozze.
BELA RUSIN: Bella Rosina. Soprannome vezzeggiativo di Rosa Vercellana.
BICERIN: piccolo bicchiere.
BIOVA: nome di pane bianco di pasta dura in grosse forme.
BISCOTTINI DI NOVARA O "DELLE MONACHE": leggeri biscotti di piccolo formato.
BOLÉ: fungo porcino.
BURLANDA: nata dalla cucina povera, poco densa, lunga di brodo.

C

CARPION: sistema di preparazione di pesci o carne mediante infusione a base di aceto, vino ed erbe aromatiche.
CATÒ: dolce croccante di nocciole tostate e tritate.
CHEGA: così è chiamato nel novarese il formaggio gorgonzola.
CICULATA 'D ËL TUIRUR (cioccolata del mestolo): scherzoso nome della polenta.

CONDOVE: formaggio tipo Toma di latte vaccino della Val di Susa.
CONFORTINI: tipici biscotti della zona del cuneese, noti anche come "cialde", "canestrelli", "lingue di gatto".

D

DOBA: piatto da accompagnare con la polenta, o con patate bollite, tipico del cuneese.
DOUJA o DOJA: recipiente per lo più di terracotta, utilizzato per conservare vino o alimenti fra i quali i famosi "salamini d'la duja" tipici del novarese.
DUNDERET: tipici gnocchi e polenta delle Langhe.

E

EPORODIESI: con questo termine sono designati sia gli abitanti sia i prodotti alimentari di Ivrea.
ESCARUN: formaggio di latte caprino e ovino, che si consuma fresco da tavola o stagionato da grattugiare.
ESCUBAR: antico liquore assai diffuso in Piemonte.

F

FASUM o FASSONE: pregiato vitello piemontese "da coscia".
FERSCÖI (frittelle): particolari dolci fritti tradizionali di Carnevale, della cucina povera.
FIACÀ: schiacciatine di pasta dolce di farina di meliga, che si preparano nel periodo carnevalesco nel biellese.
FISQUIRÒL: grosse lasagne tratte da una sfoglia di acqua e farina.
FUASÒT: focaccia tradizionale di Acqui.

G

GARISULE: praticamente sono "i ciccioli", cioè le piccole parti assai saporite che rimangono dopo lo scioglimento del lardo.
GITUE: strana minestra di frammenti di castagne e porri cotti nel latte.
GRATUN D'OCA: speciale e gustoso salame di carne d'oca.

L

LAMORRESI: dolcini preparati con aggiunta di Barolo tipici del cuneese.
LIBRÈT 'D PULENTA: antipasto preparato con fette di polenta che racchiudono fettine di Fontina.
LOAZZOLO: recentissima innovazione degli anni '90, è l'omonimo vino bianco passito che deve essere prodotto nella stessa area di Loazzolo (Asti) da uva Moscato di tardiva vendemmia.
LUVERTIN o LUVERTIS: sono i germogli di luppolo.

M

MACHET: caratteristica polentina della Val Sesia, preparata con farina gialla di mais o nera di saraceno, latte e castagne.
MACTABE: è una semplice crema di latte e castagne.
MARUN: caratteristici biscottini a base di farina di castagne e grappa.
MURTARÀT: formaggio fresco costituito da una Toma impastata con spezie e fatta seccare avvolta in un panno.

N

NINICHE: dolce di biscotti intrisi in rum e latte (una sorta di "zuppa inglese").
NUSIGIÀ: sorta di crema fatta con latte, burro, farina, miele e vino bianco, in genere dolce di Carnevale nel novarese.

O

ORIES: nome piemontese dello spinacio selvatico, le cui foglie si mangiano cotte in insalata o in certe minestre.
ORMEASCO: vino rosso asciutto, che si produce nella località omonima.

P

PACIARÈT: caratteristica bevanda biellese, che si serve a fine pranzo, consistente in caffè bollente con cannella, versato su un uovo sbattuto con zucchero.
PASTÌS DI PÒVER (pasticcio dei poveri): consistente in pomodoro tritato rosolato nell'olio, mescolato con uovo e ridotto in crema.

R

RABATUN: sorta di gnocchetti di ricotta.
ROSTON ALL'ALBESE: tenerissimo arrosto tipico della zona di Alba e delle Langhe.

S

SALMÌ: sistema di cottura e di preparazione di selvaggina che viene fatta marinare in vino Barbera con ortaggi ed erbe odorose e cotta nella sua stessa marinata.
S'CIANCUN: termine piemontese che significa "strappo", un tipo di pasta come i maltagliati.

T

TAPITT (tappeti): piccoli dolci a forma di bottone, tipici di Oleggio.

TOFEJA-TUFEJA: nome di un recipiente di terracotta e della squisita zuppa che vi si cuoce.
TOPINAMBOU: il tubero dell'omonima pianta, assai coltivata in Piemonte, dove trova molte applicazioni in cucina.

V

VIAND SARÀ (carne chiusa): carne in salamoia con erbe aromatiche, racchiusa in mastelletti di legno.

Z

ZEST: antesignano dei frutti canditi che, tipicamente a Carignano, si facevano fin dal 1500, con bucce d'arancia candite.

Indice

Risi e Risotti

Gnocchi e Polente

Carni

Pollame e Selvaggina

Pesci, Rane e Verdure